Inhalt

Die Landkarte – Seite 9

TeenDance – Mehr als „1ne" Story – Seite 10

1 TeenDance – Gott begegnen – tänzerische Fähigkeiten erweitern – Vertraute finden

TeenDance dockt an der Lebenswelt Jugendlicher an – Seite 14

TeenDance ist am Potenzial Jugendlicher orientiert – Seite 15

TeenDance beteiligt Jugendliche – Seite 16

TeenDance bietet Räume an, in denen Gott Jugendlichen begegnen kann – Seite 17

Bei TeenDance finden Jugendliche Freunde und Ansprechpartner – Seite 18

TeenDance spricht den ganzen Menschen an – Seite 18

TeenDance ist innovativ und pflegt Nachhaltigkeit – Seite 18

TeenDance arbeitet nach dem Triplet „belong – believe – behave" – Seite 19

TeenDance arbeitet handlungsorientiert – Seite 19

Schritte auf dem Weg – Seite 20

2 Eine Tanzgruppe leiten

Aller Anfang ist schwer – eine Gruppe gründen – Seite 22

Wie eine TeenDance-Breakergruppe entstehen könnte – Seite 23

Beispiel einer anderen TeenDance-Gruppe – Seite 24

Tanzstile – Seite 25

Eine Trainingsstunde gestalten

- Warm-up – Seite 27
- Hauptteil – Seite 38
- Cool Down – Seite 40

3 Verkündigung & (den) Glauben leben in der TeenDance-Gruppe

Einige Vorüberlegungen

- Glauben und Leben – Seite 42
- Persönlichkeit – Seite 42
- Offenheit – Seite 43

Zwölf Tipps für die praktische Vorbereitung eines Impulses _ _ _ _ _ _ _ _ Seite 43

Aufhänger für eine Andacht

Anknüpfung an ein Lied _ _ _ _ _ _ _ _ Seite 45

Ein kulturelles oder politisches Ereignis aufnehmen _ _ _ _ _ _ _ _ Seite 45

Ein persönliches Ereignis aufnehmen _ _ _ _ _ _ _ _ Seite 46

Eine thematische Andacht im Bezug auf einen Gegenstand _ _ _ _ _ _ _ _ Seite 47

Beispiele für Andachten

Zitate zum Thema: Tanzen _ _ _ _ _ _ _ _ Seite 47

Glaube und Körper – Biblische Impulse _ _ _ _ _ _ _ _ Seite 48

Literaturliste für Andachtsbücher _ _ _ _ _ _ _ _ Seite 54

Glauben leben – Wie Glaube Hände und Füße bekommt

Beten _ _ _ _ _ _ _ _ Seite 57

Symbolische Handlungen _ _ _ _ _ _ _ _ Seite 57

Meditative Möglichkeiten _ _ _ _ _ _ _ _ Seite 58

4 Die Pflegeanleitung für eine optimale Gruppe

Die Balance finden _ _ _ _ _ _ _ _ Seite 60

Das Baseball-Muster – nicht auf der halben Strecke aufgeben _ _ _ _ _ _ _ _ Seite 61

Eis, Wasser und Dampf –
eine Gruppe braucht verschiedene Aggregatzustände _ _ _ _ _ _ _ _ Seite 62

Es darf und soll auch darüber hinausgehen _ _ _ _ _ _ _ _ Seite 63

Räume sind mehr als Schäume _ _ _ _ _ _ _ _ Seite 63

Beteiligen _ _ _ _ _ _ _ _ Seite 64

Warm-up der andern Art _ _ _ _ _ _ _ _ Seite 65

Was Süßes als Dessert _ _ _ _ _ _ _ _ Seite 65

5 Leiten aus dem Hintergrund – ein Prinzip von TeenDance

Leading from behind

Drei Dimensionen im Gleichgewicht halten _ _ _ _ _ _ _ _ Seite 68

Welche Grundhaltung nimmt leading from behind ein? _ _ _ _ _ _ _ _ Seite 69

Und wenn es mal Stress gibt in der Gruppe... _ _ _ _ _ _ _ _ Seite 70

Reflektieren und Auswerten _ _ _ _ _ _ _ _ Seite 72

Ein Interview mit zwei Leiterinnen einer TeenDance-Gruppe _ _ _ _ _ _ _ _ Seite 73

6 Praxistipps

Geeignete Musik finden

Konzeption _ Seite 76

Liedauswahl _ Seite 77

Tänze entwickeln und einstudieren mit einer Gruppe

Liedanalyse _ Seite 78

Praktische Umsetzung _ Seite 79

Wie kann die Kreativität der Gruppe gefördert werden? _ _ _ _ _ _ _ _ Seite 81

Tänze einstudieren _ Seite 82

Nachgestalten – Umgestalten – Neugestalten _ _ _ _ _ _ _ _ _ _ _ _ _ Seite 83

Grundsätze für Choreographien _ _ _ _ _ _ _ _ _ _ _ _ _ _ _ _ _ _ _ Seite 83

Aufbau _ Seite 84

Tänze dokumentieren _ Seite 85

Raum, Technik, Outfit & Requisiten _ _ _ _ _ _ _ _ _ _ _ _ _ _ _ _ _ Seite 90

Performance _ Seite 93

Der erste Auftritt _ Seite 95

7 TeenDance als Projekt

TeenDance an Schulen _ Seite 98

Hip-Hop im Unterricht? _ Seite 100

Mädchenarbeit _ Seite 102

Konfirmanden _ Seite 103

8 TeenDance-Seminare/-Festivals/-Freizeiten gestalten

TeenDance-Wochenendseminare _ _ _ _ _ _ _ _ _ _ _ _ _ _ _ _ _ _ _ Seite 107

TeenDance-Seminar vor Ort _ Seite 111

TeenDance-Festival _ Seite 116

Brücken schlagen zwischen Freizeiten und Gruppenarbeit _ _ _ _ _ _ _ _ Seite 120

9 Geschichtliches

Tanzen in der Bibel Seite 126

Lebensbilder" Seite 127

Lektion in Hip-Hop

- Hip-Hop als Jugendkultur Seite 128
- „Back to the roots" – Die Geschichte des Hip-Hop Seite 128
- Die vier Elemente des Hip-Hop Seite 129
- Was gehört sonst noch dazu? Seite 132
- Kleidung Seite 133

Hip-Hop in Europa Seite 133

Hip-Hop in Deutschland Seite 134

Hip-Hop und Religion Seite 134

Old School – New School Seite 135

Tanzstile

- Electric Boogie Seite 136
- Styles/Skills Seite 136
- Power – Moves Seite 136
- Pop-Locking Seite 136

10 Materialien und Links

TeenDance Seite 138

King's Kids, TEN SING and more... Seite 138

Materialien Seite 139

Schätze im www Seite 140

Literatur Seite 141

Autoren Seite 143

Die Landkarte

Liebe tanzbegeisterte Leserin und tanzbegeisterter Leser,

was du hier in Händen hast, sind 5 Jahre Praxiserfahrung und Begeisterung mit Tanzgruppenarbeit im christlichen Kontext.

Im 1. Kapitel findest du alles was uns inhaltlich wichtig ist und was TeenDance ausmacht.
Hier geht es auch um Tanzstile und die Vernetzung bei TeenDance. Kapitel 2 enthält alles was du brauchst um eine Tanzgruppe zu leiten, vom Gründen einer Gruppe bis zum Gestalten einer Trainingsstunde in allen Einzelheiten. Glaube leben bei TeenDance, das ist uns ein ganzes 3. Kapitel wert. Jede Gruppe sollte gepflegt werden, deshalb findest du im 4. Kapitel die Pflegeanleitung für eine TeenDance-Gruppe. Wie leite ich richtig? Wie gehe ich richtig mit den Jungs und Mädels um? Antworten dazu unter Kapitel 5. Ein Interview auf Seite 73 darf auch nicht fehlen, das verfolgt wird von 1000 Praxistipps in Kapitel 6.

TeenDance hat sich in Schule, Mädchenarbeit und Konfirmandenarbeit auch als Projekt etabliert, dazu mehr in Kapitel 7. TeenDance-Seminare, Festivals und Freizeiten gehören zur Tanzszene dazu. Kapitel 8 zeigt, wie alles geht und was du dazu brauchst.

Am Ende findest du noch Geschichtliches zum Tanzen unter Kapitel 9 und wir schließen das Handbuch mit Materialien und Links in Kapitel 10.

Viel Spaß beim Lesen,
begeistert werden und Tanzen.

Achim Großer

TeenDance – Mehr als „1ne" Story

Interview

Sag mal, Hanna, ...
... wie war das mit deinen Vorsätzen als du vor drei Jahren zum ersten Mal in die TeenDance–Gruppe kamst?

> **Hanna:** Schon nach dem zweiten Mal habe ich alle meine Vorurteile verdrängt. So gut, dass ich noch nicht einmal ein schlechtes Gewissen habe. (grinst)

Dürfen unsere Leserinnen und Leser wissen, welche es waren?

> **Hanna:** Oh, wie jedes Mal, wenn was Neues auf mich zukommt... Ich habe erst mal laut überall gesagt, dass ich eigentlich gar nicht da hin will. Ich lasse mir gerne eine Hintertüre offen. Es war für mich klar, dass ich erst mal nicht wieder in unserer Kirchengemeinde auftauche und ich ging ja nur wegen Amrei mit. Aber dann gab es auch noch ein Vorurteil, das etwas tiefer reichte.

Nämlich?

> **Hanna:** Ich wollte erst mal nichts mehr mit dem Glauben und der Kirche zu tun haben.

Ich dachte, du hast dich gerne konfirmieren lassen?

> **Hanna:** Das dachte ich auch. Aber als nach all dem Trubel wieder Ruhe in mein Leben eingekehrt war, kam ich ins Grübeln. Irgendwas fehlte mir. Irgendwie hatte ich mich in der Kirche und der Gemeinde nie richtig Zuhause gefühlt und irgendwie hatte ich einfach andere Interessen.

Welche denn?

> **Hanna:** Ich will mit meinen Freundinnen zusammen sein, Spaß haben und vor allem mal was anderes machen.

Und nun machst du was anderes?

> **Hanna:** Stimmt. Inzwischen mache ich was anderes und bin immer noch in der Gemeinde. Am Anfang war es schon komisch. Ich habe ja nur Steffi gekannt und ein bisschen was gehört von TeenDance – die Trainerin soll anscheinend richtig

gut sein, die Musik könnten wir auch selbst mit aussuchen, aber sie würde auch immer wieder einen Input über Jesus machen. Das war mir dann doch ein bisschen zuviel Neues auf einmal.

Immerhin bist du heute immer noch dabei. Und von TeenDance hast du dich trotz deiner Vorurteile begeistern lassen.

Hanna: Ja, es hat einfach nur Spaß gemacht. Ich habe innerhalb kurzer Zeit richtig gut tanzen gelernt. Anders als in der Tanzschule.

Nämlich...?

Hanna: Wir haben uns viel bei Musikvideos abgeschaut und natürlich einfach viel selbst ausprobiert... Das Schönste ist aber, ich habe hier ein paar wirkliche Freundinnen gefunden, denen es anfangs ähnlich ging wie mir. Inzwischen ist TeenDance für uns eine Art Heimat geworden: Wir machen viel zusammen. Kürzlich waren wir zum dritten Mal beim TeenDance-Festival und haben diesmal sogar gewonnen.

Wir möchten unseren Lesern gerne noch ein bisschen zeigen, wie euer TeenDance-Alltag aussieht. Kannst du ihn mal für uns beschreiben?

Hanna: Ja klar. Normalerweise treffen wir uns einmal in der Woche. Es gibt aber Zeiten, z. B. wenn wir uns auf einen Auftritt vorbereiten, dann treffen wir uns sogar dreimal. Wir versuchen einmal im Jahr auf ein TeenDance-Seminar zu gehen, ansonsten bei anderen Sachen dabei zu sein und auch Projekte zu machen.

Wie ist das mit deinem neuen Projekt, Hanna?

Hanna: Ich werde mit zwei Freundinnen einen TeenDance-Seminartag anbieten. Dort werden wir verschiedene Workshops geben. Und unser großes Ziel ist dabei, dass wir neue TeenDance-Gruppen gründen. Eine andere Freundin wird freitagabends in ihrem CVJM ein TeenDance Sportangebot machen, weil ihr Verein neben dem Handball noch ein weiteres Angebot wünscht. Und dann machen wir immer wieder an Schulen TeenDance-Workshops.

Das heißt ja aber, dass ihr immer weniger Zeit für eure eigene Gruppe habt?!

Hanna: Hm, wir treffen uns halt nicht mehr ganz so oft. Aber die Gemeinschaft ist uns trotzdem total wichtig. Deswegen schauen wir schon, dass wir Zeit füreinander finden. Genauso brauchen wir unsere Trainerin, denn sie gibt uns immer wieder gute Tipps und steht auch hinter uns.

Und wie sieht das aus?

Hanna: Sie hat uns immer wieder gezeigt, was richtig gut ist. Wenn irgendetwas war, mit mir oder auch in der Gruppe, war sie immer für uns da. Sie hat uns einfach machen lassen und das fand ich halt super. Sie hat nie gesagt, dieses Lied machen wir nicht oder das ist zu leicht oder zu schwierig oder das kannst du nicht. Sie hat uns immer unterstützt und gesagt wie sie es machen würde, auch mit meinem Glauben.

Das hört sich ziemlich perfekt an.

Hanna: Das weiß ich nicht; ich finde sie einfach klasse und ich hoffe, dass es mir auch gelingt, eine Gruppe so gut zu leiten wie sie. (grinst)

Aber wenn die Leute lesen, dass du nun eine Gruppe startest, könnten sie erschrecken und das Buch zuklappen. Viele werden meinen, TeenDance hört niemals auf. Jeder Teilnehmer muss eine neue Gruppe machen.

Hanna: ...und wenn sie TeenDance erleben, werden sie das auch gut nachvollziehen können. Man darf auch mal richtig begeistert sein.

Vielen Dank für das Gespräch und dir einen guten Start.

TeenDance

Gott begegnen
tänzerische Fähigkeiten erweitern
Vertraute finden

1

TeenDance dockt an der Lebenswelt Jugendlicher an

TeenDance ist am Potenzial Jugendlicher orientiert

TeenDance beteiligt Jugendliche

TeenDance bietet Räume an, in denen Gott Jugendlichen begegnen kann

Bei TeenDance finden Jugendliche Freunde und Ansprechpartner

TeenDance spricht den ganzen Menschen an

TeenDance ist innovativ und pflegt Nachhaltigkeit

TeenDance arbeitet nach dem Triplet „belong – believe – behave"

TeenDance arbeitet handlungsorientiert

Schritte auf dem Weg

TeenDance – Gott begegnen – tänzerische Fähigkeiten erweitern – Vertraute finden

„Wir wollen unser Möglichstes geben, damit Gott Jugendlichen begegnen kann, Jugendliche ihre tänzerischen Fähigkeiten erweitern und in uns Vertraute finden.“ Die drei Hauptstränge die TeenDance tragen, stecken in diesem Satz. Gruppen, die das auf irgendeine Art leben, sind TeenDance-Gruppen. Es ist erwiesen, dass ein Seil, aus drei Seilsträngen verwoben, reißfest und stabil ist. Die drei Stränge von TeenDance: Gott begegnen – tänzerische Fähigkeiten erweitern – Vertraute finden, geben dieser Form von Gruppenarbeit ihre Stabilität.
Seilstränge selbst bestehen wiederum aus einzelnen Fäden. Diese Fäden werden in den nächsten Abschnitten kurz erklärt. Anregungen und Tipps für die Praxis findet ihr im Anschluss.

TeenDance dockt an der Lebenswelt Jugendlicher an

Die Lebenswelt Jugendlicher orientiert sich nicht mehr an räumlichen Abgrenzungen: Kleinkinder leben in der Familie, mit 3 Jahren kommen sie in den Kindergarten, ab 6 Jahren in die Schule usw. Jugendliche leben heute in verschiedenen Lebenswelten. Beispielsweise Schule, Szenen, Gruppen von Gleichaltrigen, Interessen... TeenDance spricht Jugendliche in ihren Lebenswelten an, z. B. durch Workshops und Gruppenangebote an Schulen, durch unterschiedliche Tanzstile der einzelnen Szenen (Breakdance, Hip-Hop, Streetdance, Jazzdance, Lyricaldance, Stomp etc.).

Tanzen

Tanzen ist in. Nach einer aktuellen Jugendstudie (null zoff & voll busy – die erste Jugendgeneration des neuen Jahrtausends, Wiesbaden 2002) geben 83 % der Jugendlichen an, dass Tanzen zu ihren Hobbys gehört. Bei vielen steht das Tanzen sogar an erster Stelle. Es ist nicht nur etwas für eine besondere Gruppe. Tanzen ist in den meisten Szenen Bestandteil, Erkennungszeichen und Spiegelbild des Inhalts. Es wird getanzt - in unterschiedlichem Stil ja - aber immer unter dem Horizont, zu einer Clique zu gehören und unter dem Stern der erwachten Körperlichkeit. Tanzen ist Sport, macht fit, befreit, bietet Spaß, Kontakte und Herausforderung.

In den USA verschwimmen z. T. die Grenzen zwischen säkularer und christlicher Musik. Beide Bereiche (vor allem bei Gospel und „black music“) überlappen sich, während dies in Deutschland noch selten der Fall ist. Bei uns wird noch sehr klar zwischen der einen und der anderen „Szene“ unterschieden.

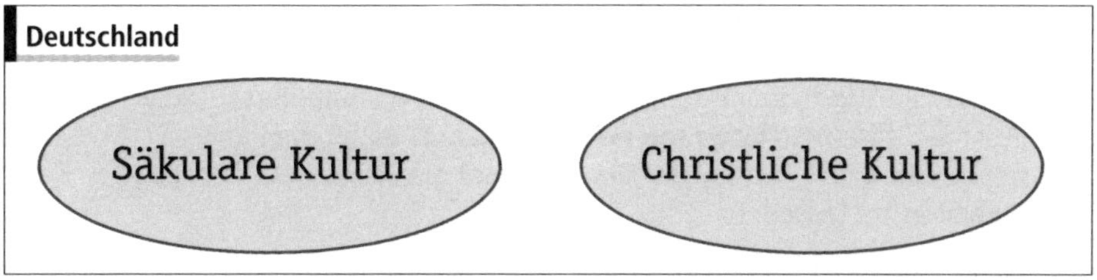

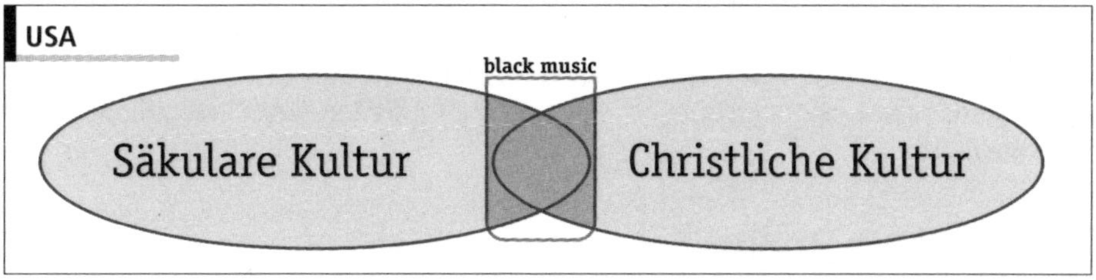

Gerade Songs aus der Schnittmenge (oder aus der Nähe dieser Schnittmenge) sind für TeenDance sehr interessant. TeenDance nimmt die unterschiedlichen Musikszenen auf, verbindet Elemente und spricht so verschiedene Lebenswelten an.

Lebensräume

An der Lebenswelt Jugendlicher andocken heißt, Jugendliche da abholen, wo sie stehen. Schule wird immer mehr zeitlicher Mittelpunkt im Tagesablauf. Ganztagsschule und neue Bildungspläne bieten eine Chance zur Neuorientierung der Jugendarbeit. Noch nie waren die Türen zu Schulen weiter geöffnet als heute. Für TeenDance ist es wichtig, mit Schulen zu kooperieren und dabei legen wir Wert darauf, das Profil der christlichen Jugendarbeit beizubehalten. TeenDance ist nicht Dienstleister, sondern Partner für Schulen. In den letzten Jahren fanden deshalb immer mehr Workshops an Schulen statt. Oftmals war der Wunsch da, über die Projekttage hinaus eine feste Gruppe für Schüler zu gründen.

Aufgrund dieser Entwicklung entsteht ein zweiter zentraler Bereich für die Jugendarbeit: „Freizeitangebote". Gruppenarbeit wird dann schwierig, wenn Schule und Förderangebote den Terminkalender der Jugendlichen zum Platzen bringen. Es ist jedoch nicht unmöglich! Es macht unter diesen Vorraussetzungen z. B. Sinn, mehr Wochenendangebote, Freizeiten und Ferienangebote zu entwickeln. Deshalb finden sich unter dem Kapitel „Seminare und Workshops" viele Praxisbeispiele und Erfahrungen aus diesem Bereich.

TeenDance ist am Potenzial Jugendlicher orientiert

Unser Ziel ist es, dass Jugendliche sich selbst, ihre Fähigkeiten, ihre Gaben und vor allem ihre Persönlichkeit entdecken. „Jugendliche entdecken ihre Berufung (sich selbst in der Beziehung zu Gott) und leben diese gemeinsam." Diese Vision der Jugendarbeit trägt den Gedanken von TeenDance.

Was bedeutet „Berufung“? Berufung leben heißt Beziehung mit Gott leben. Berufung entdecken geschieht im Hinweisen auf Jesus. In ihm finden junge Menschen ein Gegenüber, das 100%ig zu ihnen steht und sie mit Gott versöhnt - ihrem Leben Sinn gibt. „Du musst nicht mehr so leben wie bisher, du kannst dein Leben ändern.“ In diesem Satz stecken die ganze Freiheit des Glaubens und die Chance, mit dem eigenen Kapital zu arbeiten, zu lernen.

Gott hat alle Menschen begabt, befähigt und ihnen eine einzigartige Persönlichkeit geschenkt – Kapital angelegt. Wir arbeiten und investieren in das Kapital, das Jugendliche mitbringen. Darin unterscheidet sich TeenDance von anderen Formen der Gruppenarbeit, die meistens an den Defiziten arbeiten oder Jugendlichen Programme bieten.

TeenDance beteiligt Jugendliche

Kreativität und Beteiligung fördern: TeenDance beteiligt Jugendliche und ist somit Jugendarbeit mit Jugendlichen und nicht für Jugendliche. Beteiligung ist ein Begriff, der aus dem politischen Denken kommt und Menschen auffordern möchte, sich selbst mit eigenen Gedanken, Ideen und Wünschen in die Gesellschaft einzubringen.

Bei TeenDance findet Beteiligung statt. Was das für den Mitarbeitenden heißt, wird im Kapitel 5 „Leiten aus dem Hintergrund“ gezeigt. Praktische Beispiele für die Gruppe finden sich im gesamten Buch.

Unser Ziel heißt: „Wir gemeinsam”. Deshalb sind alle im höchsten Maß an Entscheidungen, Entwicklung von Tänzen, geistlichen Impulsen, Verantwortung, Finanzen etc. beteiligt. Coach und Teilnehmende leben auf gleicher Augenhöhe.
Leiter sagen oft: „Die sind so passiv, die wollen nicht!” Sie schieben den „schwarzen Peter” den Teilnehmenden zu.

Doch sind sie wirklich bereit, Macht abzugeben und andere entscheiden zu lassen? Das ist eine große Herausforderung für Mitarbeitende: Sich selbst als Coach verstehen, an den Spielfeldrand treten, andere ermutigen und nicht mehr selbst im Mittelpunkt stehen...

Wichtig ist, dass Beteiligung ein Prozess ist, der nicht einfach von heute auf morgen beschlossen und erworben werden kann. Beteiligung sollte langsam eingeführt, und nach und nach immer stärker aufgebaut werden.

Ein Coach beschreibt seine Erfahrungen so: „In meiner Praxis als Coach geschieht es meistens, dass meine Art zu agieren für neue Gruppen völlig neu ist. Da ist keiner, der den Teilnehmenden sagt, wie sie es genau machen sollen. Da schreitet niemand ein. Jeder ist auf sich selbst und auf die Gruppe gestellt. Und nicht selten treffen mich verunsicherte Blicke.“

Trainer zum Coach

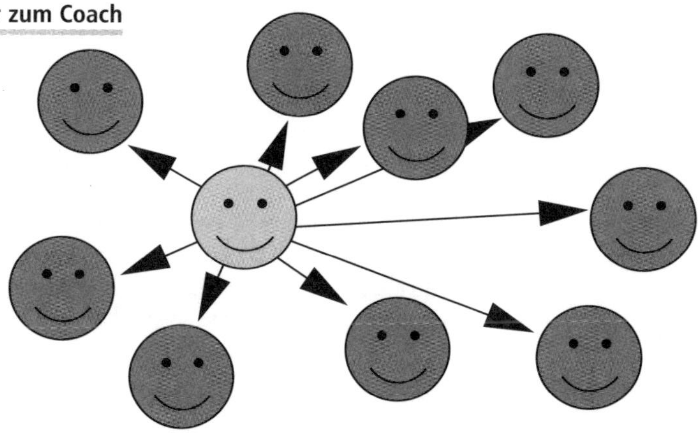

Beteiligung ist ein Prozess, welcher Schritt für Schritt geschieht und keine Änderung von heute auf morgen ist. Daher bauen die folgenden Schritte aufeinander auf.

- **teilhaben**
- **mitwirken**
- **mitbestimmen**
- **selbst bestimmen**
- **selbst verwalten**

Verantwortung teilen heißt eine möglichst flache Hierarchie anzustreben. Alle – Frühmelder und Spätmelder - sollen mitreden und mittragen. Entscheidungen werden gemeinsam getroffen und Verantwortung und Aufgaben geteilt. So entwickelt sich Identifikation mit der Gruppe.

TeenDance bietet Räume an, in denen Gott Jugendlichen begegnen kann.

Was nicht im Alltag ankommt ist verloren. Deshalb bieten wir Räume und Rituale an, in denen Gott den Jugendlichen begegnen kann. In Andachten, Gebeten, Gesprächen und vor allem durch offene Menschen haben die Jugendlichen die Möglichkeit Gott und sich besser kennen zu lernen. Deswegen findet sich neben dem Training auch Zeit, die mit diesen regelmäßigen Angeboten gefüllt ist. Diese Hilfen kommen im Alltag an und werden gelebt. Somit ist auch der Glaube an Jesus Christus ein Thema, das in einer TeenDance-Gruppe dazugehört und gemeinsam gelebt wird.

Bei TeenDance muss man nicht Christ sein, aber man kann Christ werden. Jeder ist willkommen – egal welche Religion oder Glaubensüberzeugung er hat. TeenDance ist nicht ein elitäres Angebot nur für Christen. In TeenDance soll Glaube begreiflich werden und die Jugendlichen ins Nachdenken bringen.

Bei TeenDance finden Jugendliche Freunde und Ansprechpartner

MTV – Clipdance bei einer Tanzschule: 20 Jugendliche und ein Trainer im Raum. 60 Min. wird ein Tanz, der vom Trainer choreographiert wurde, weiter eingeübt.
In TeenDance-Gruppen wird ebenfalls getanzt, Tänze einstudiert und Gruppe erlebt. Wie geht das? Jugendliche erleben, erfahren etwas zusammen. Sowohl der Tanz als auch ein Auftritt wird von allen gemeinsam geplant, choreographiert und organisiert. Das schweißt zusammen und lässt Freundschaften entstehen. Auch durch das Diskutieren von Lebens- und Glaubensthemen entsteht Wärme. Freundschaften entstehen, Ansprechpartner werden gefunden. Nähe entsteht durch Menschen, die über äußerliche Themen hinaus ansprechbar sind. Durch das regelmäßige Treffen und die „besondere" Gemeinschaft kann ein Netz entstehen, das trägt.

TeenDance spricht den ganzen Menschen an

Körperlichkeit, den Körper kennen lernen, Grenzen erkennen – das sind einzelne Fäden im „Seil" TeenDance, die Bewegung und Fitness ist wichtig für jeden Menschen. TeenDance ist Sportarbeit.

Aber nicht nur der Körper wird trainiert, sondern auch der Geist wird im gemeinsamen Planen und im Verantwortung übernehmen, aber auch im Umgang mit anders Denkenden und Fühlenden gefördert. Konfliktfähigkeit wird gerade in Gruppen mit hoher Eigenverantwortung richtig trainiert. Es fallen nicht immer nur nette Worte – auch nicht bei TeenDance.

Die Seele, das was den Menschen ausmacht, wird bei TeenDance ebenfalls angesprochen. Im Erleben der eigenen Persönlichkeit und der Auseinandersetzung mit der Frage: Gibt es Gott?, wird die Seele bewegt.

TeenDance ist innovativ und pflegt Nachhaltigkeit

Tanzen ist aktueller denn je. Allein aus diesem Grund lässt sich bei TeenDance leicht von einer Innovation sprechen. Heutzutage ist das Medium Tanz für die Gemeinde eine Neuentdeckung (oder vielleicht eine Wiederentdeckung). Was TeenDance noch innovativer macht ist der Ansatz, dass Jugendliche wirklich beteiligt sind. Gaben, Fähigkeiten und die Persönlichkeit werden entdeckt. Die Treffen gestalten sich durch das, was die Teilnehmenden mit- und einbringen. Choreographien werden für Jugendgottesdienste entwickelt, für Feste der örtlichen Gemeinde, Festivals oder für eine Band.... Es gibt hier keine vorgegebenen Grenzen. Jeder öffentliche Auftritt ist Werbung für neue Teilnehmende.

Nachhaltigkeit entsteht durch das gemeinsame Lernen. Wie gehen wir miteinander um? Wie verhalte ich mich? Warum bin ich so wie ich bin? Fragen, auf die man in der TeenDance-Gruppe eine Antwort finden kann.

TeenDance arbeitet nach dem Triplet „belong – believe – behave“

Wie verhält es sich mit „belong“ (dazugehören), „believe“ (glauben) und „behave“ (sich verhalten, sich benehmen)? An der Reihenfolge der Begriffe wird deutlich, wie Gemeinden die Einladung zum Glauben praktizieren. Drei Grundhaltungen gegenüber Glaubensdistanzierten werden dabei plastisch.

behave - believe - belong

Die klassische fromme Form - wer raucht, sich anders kleidet und sich gar noch sexuell daneben benimmt kann gleich wieder gehen (behave). Zugang zur Gemeinde gibt es über ein entsprechendes „christliches“ Verhalten und wenn das Glaubensbekenntnis (believe) stimmt. Dann darfst du auch dazugehören (belong).

believe - behave - belong

Die klassische Evangelisations-Version, die sich durchaus um Außenstehende müht. Es wird „draußen“ vor dem Tor der Gemeinde per Evangelisation zum Glauben gerufen (believe). Der ist nur echt, wenn er sich in einer möglichst sofortigen Verhaltensänderung (sprich Anpassung an den gemeindlichen Lebensstil) zeigt (behave). Dann dürfen Neubekehrte auch dazugehören (belong).

belong - believe - behave

Das ist die Reihenfolge, in der TeenDance sich sieht, weil immer mehr Menschen nicht so sehr zunächst an unseren Glaubensinhalten interessiert sind, sondern an gelebtem Glauben, nicht so sehr an dem was wir lehren, sondern wovon wir Gebrauch machen. Ehrung kommt vor Bekehrung (Wolfgang Vorländer) - das bedeutet konkret: auch „anders gewickelte“ samt ihrem „unchristlichen Lebensstil“ wertzuschätzen, anzunehmen, Raum zu geben (belong). Und sie auf dieser Spur zum Glauben zu verlocken und einzuladen (believe). Eine entsprechende Ethik und Lebensgestaltung aus dem Glauben heraus braucht dann Zeit - gerade wenn die „Außenstehenden“ ihrem Namen wirklich Ehre machen und nicht schon bürgerlich-christlich „angewärmt“ sind (behave).

TeenDance arbeitet handlungsorientiert

Jede Gruppe hat einen Weg und ein Ziel. Es geht TeenDance nicht nur um das Ziel, die große Aufführung, die Show, die Choreographie. Fokussiert wird der Weg mit der Gruppe dahin. Der Weg ist das Ziel. Jugendliche entdecken ihre Berufung im Erleben und Erfahren. Ich identifiziere mich mit einer Idee, ich treibe die Idee an, bringe mich ein, erfahre Feedback. Dies geschieht in handlungsorientiertem Arbeiten.

Dieser Weg zum Ziel ist kostbar für den Einzelnen und die gesamte Gruppe. TeenDance bietet durch Orientierung am Handeln, die Plattform sich selbst einzubringen, Erfahrungen mit dem eigenen Können zu sammeln und durch andere Teilnehmende zu erleben, dass mehr in einem steckt als oftmals sichtbar ist. Deshalb gibt es inner-

halb des Gruppenalltags immer wieder Phasen, bei denen reflektiert und überprüft wird, wo die Gruppe steht.

Eine TeenDance-Gruppe hat Projektcharakter: Meistens lebt sie auf eine Aufführung zu (oder die Gestaltung eines ganzen Abend-Programms), denn dieses gemeinsame Ziel schafft einen Spannungsbogen. Oftmals folgt danach eine „Durchhänger-Phase" –, die aber genutzt werden sollte, um die Gruppe für neue Teilnehmende zu öffnen. Der Prozess beginnt von vorne.

Prozess

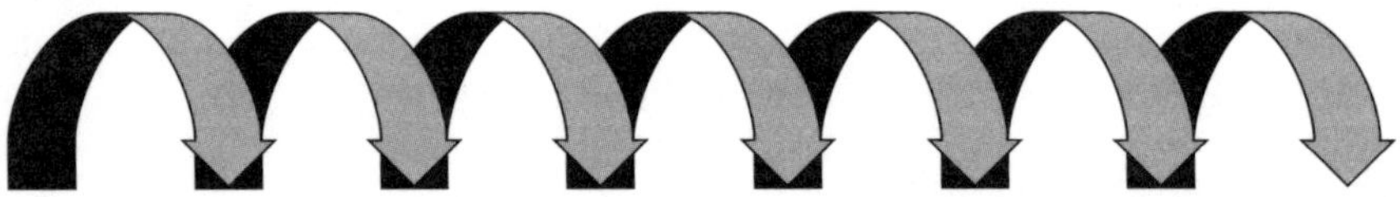

Schritte auf dem Weg

Nochmal zusammengefasst: Was macht eine TeenDance Gruppe aus und was sind die Grundregeln, damit in der Gruppe ein Klima des Vertrauens und des Engagements entstehen kann?
Jugendlichen mehr zutrauen als ihnen zu Hause, in der Schule oder sonst wo zugetraut wird. Wertschätzung kommt am besten zum Ausdruck in einem ehrlichen „Ich glaub' an dich! Du kannst das!".
Helfen, Gaben zu entdecken und diese zur Entfaltung zu bringen.
Selber zurücktreten – „leading from behind". Mitarbeitende verstehen sich als Coach. Sind eher steuernd im Hintergrund aktiv.
Hohe Mitverantwortung aller - Selbstorganisation der Gruppe als Ziel.
Selbstwert stärken durch öffentliches Auftreten.

Jugendarbeit geschieht meist im „stillen Kämmerlein". TeenDance-Gruppen treten hingegen an die Öffentlichkeit. Das gemeinsame Erlebnis „Wir können was!" kann zu einer gesunden Selbstwertentwicklung beitragen, gerade bei Jugendlichen in der „Krise" der Pubertät.

Eine Tanzgruppe leiten

2

Aller Anfang ist schwer – eine Gruppe gründen

Wie eine TeenDance-Breakergruppe entstehen könnte

Beispiel einer anderen TeenDance-Gruppe

Tanzstile

Eine Trainingsstunde gestalten

2 Eine Tanzgruppe leiten

Aller Anfang ist schwer – eine Gruppe gründen

Jede Tanzgruppe hat mal ganz von vorne anfangen müssen, bzw. musste erst entstehen. Wie kann man das anstellen? Ihr könnt zum Beispiel in eurer (früheren) Schule nach Leuten Ausschau halten, die Spaß am Tanzen haben. Einen Versuch ist es immer wert, denn selbst wenn ihr nur eine kleine Schule mit 200 Schülern seid, gibt es bestimmt fünf bis zehn andere, die gerne tanzen.

Wenn ihr nicht auf fremde Leute zugehen wollt, dann fragt doch einfach mal in eurem Freundeskreis, Chor, Jugendkreis, etc. nach. Es soll auch Jungs geben, denen Tanzen Spaß macht. Eine Möglichkeit ist, erst mal einen kleinen Tanz im Jugendkreis oder in der Chorprobe mit den anderen einzuüben. Vielleicht kommt ja der eine oder andere auf den Geschmack.

Eine weitere Möglichkeit ist, ein Tanz-Seminar zu besuchen, um neue Leute kennen zu lernen, die auch so tanzbegeistert sind wie du – vielleicht ergibt sich ja was daraus. Auch bei Freizeiten lernt man jede Menge Leute kennen – dort könnte man einen kleinen „Schnupper-Tanz-Workshop" anbieten und hinterher versuchen, ihn zu Hause weiterzuführen. Übrigens ein Tipp am Rande: Warum nicht mal selbst als Teilnehmer mit anderen Teilnehmenden einen Workshop anbieten?
Oft ist es möglich, einen Tanz-Workshop oder eine zeitlich befristete AG an einer Schule anzubieten und hinterher weiterzuführen.

Ihr seht, dass es wirklich viele Gelegenheiten gibt. Habt nur den Mut, auf Leute zuzugehen und mal nachzufragen, daraus kann sich viel ergeben.

Hier noch ein kleiner Hinweis für die, die richtig groß einsteigen wollen. Unter dem Kapitel 8 Seminare findet ihr den Bereich „Seminar vor Ort". Dieses TeenDance-Seminar vor Ort ist die beste Möglichkeit eine Gruppe zu starten, da beim Seminartag zu unterschiedlichen Tanzworkshops (Hip-Hop, Breakdance, Streetdance etc.) auch Kurzworkshops zu Themen wie Gruppe gründen, Choreographie, Glaube und Tanzen etc. angeboten werden.

Wie eine TeenDance-Breakergruppe entstehen könnte

In der Stadt X besteht seit vier Jahren ein Jugendcafé im Gemeindehaus. Vor zwei Jahren hat eine Clique sozial benachteiligter Jugendlicher dieses wöchentliche offene Angebot für sich entdeckt. Immer wieder kommt es zu Auseinandersetzungen - zum Teil auch zu gewalttätigen - mit „braven" Jugendlichen, die in letzter Zeit das Café deswegen eher meiden. Mutwillige Zerstörungen im Außenbereich, Lärm und Schmutz vor der Türe schaffen Ärger mit Hausmeister und Nachbarn.

Das ehrenamtliche Team, von einem Gemeindediakon im Hintergrund begleitet und unterstützt, fühlt sich bei allem engagierten Wollen etwas hilflos. Wie sollen sie den destruktiven Verhaltensweisen, die zum Teil nur aus Langeweile geboren sind, begegnen? Das Team sucht nach Wegen, um intensiver als bisher mit diesen Jugendlichen in Kontakt zu kommen. Viele Überlegungen wurden angestellt.

Die Idee eines Kanu-Wochenendes wurde zunächst von allen freudig begrüßt, scheiterte aber schlicht daran, dass zum vereinbarten Zeitpunkt nur zwei der zehn Interessierten am Treffpunkt waren.

Immer wieder kam es im Jugendcafé bei entsprechender Musik zu Tanzeinlagen auf dem hervorragend geeigneten Parkettboden. Das Café-Team staunte über die Körperbeherrschung, Kreativität und Begeisterung, mit der die Jugendlichen hier plötzlich bei der Sache waren. Als sie von TeenDance hörten, kamen sie auf die Idee, in diesem Bereich etwas mit den Jugendlichen zu unternehmen.

Zwei Ehrenamtliche aus dem Team überredeten zwei aus der Clique, an einem TeenDance-Seminar-Wochenende teilzunehmen. Begeistert von der Idee planten sie anschließend einen TeenDance-Workshop-Tag im Jugendcafé als Startschuss für ein regelmäßiges TeenDance-Angebot.

Durch eine Aktion an einer Hauptschule vor dem Workshop-Tag stießen über die Clique hinaus noch andere Jugendliche zur Gruppe. Nun trainieren sie an einem zusätzlichen Abend im Café. Ein Auftritt beim Stadtfest und beim Jugendtag des Evangelischen Jugendwerks locken als erstes Ziel.

Einige aus dem Café-Team können zwar selber nur ansatzweise „breaken" (ihre Versuche werden von der Clique mit freundlichem Gelächter quittiert), begleiten aber die Gruppe, beginnen, Umgangsformen, Codes und ihre Lebenswelt zu verstehen und zu achten.

Nach dem Auftritt beim Jugendtag wird lebhaft in der Gruppe über Glaube, Kirche und Jugendkultur diskutiert. Die Mitarbeitenden haben zu den Jugendlichen Zugang gewonnen, die sie vorher nur als „schwierig" erlebten und kennen sie mit Namen. Und die ausländischen Jugendlichen waren - dank ihres tollen Auftritts - die „Stars" auf dem Jugendtag. Die Anerkennung tat gut. Ein Schritt heraus aus dem Ghetto, in dem sie sich eingesperrt fühlten.

Nach den beiden Auftritten wird eine Trainingspause vereinbart. Aber Pläne für den Herbst werden schon geschmiedet und ein Selbstversorgerhaus für ein TeenDance-Wochenende ist gebucht. Nach intensiven Gesprächen ist die Gruppe bereit, sich ab Herbst wieder für Neue zu öffnen. Bei allen Schwierigkeiten und Enttäuschungen, die nach wie vor bestehen, staunen die Mitarbeitenden, wie sehr sich die Gesamtatmosphäre im Café gewandelt hat.

Viele Jugendliche haben großes Interesse am Tanzen. Wenn das erste Eis gebrochen ist, ist alles nur noch „halb so schlimm".

Durch die wöchentlichen Trainingseinheiten lernt man sich schnell kennen und man wird die Jugendlichen mit der Zeit als eigene Persönlichkeiten schätzen lernen.

Beispiel einer anderen TeenDance-Gruppe

Zehn Mädchen treffen sich wöchentlich mit zwei Mitarbeitenden im Gemeindehaus. Eine Wand des Kellerraumes haben sie mit Spiegeltüren eines Schlafzimmerschrankes zu einer Spiegelwand umfunktioniert. So können sie sich beim Tanzen selber sehen. Ein CD-Recorder steht bereit.

Eine Mitarbeiterin hat mit einem der Mädchen eine kleine Andacht zu einem aktuellen Song aus den Charts vorbereitet, zu dem die Gruppe heute tanzen will. Im Anschluss wird lebhaft diskutiert.

Nach dem gemeinsamen Anhören des Songs werden in Dreiergruppen Tanzschritte und Bewegungen ausgedacht. Diese werden anschließend der ganzen Gruppe vorgestellt, und es wird ausgewählt. Die Mitarbeitenden haben, für alle Fälle, noch ein paar Vorschläge auf Lager.

Den Leiterinnen ist nicht nur das Ergebnis, sondern vor allem der Prozess wichtig: Die Auseinandersetzung mit dem Lied, die Entfaltung der Schüchternen, der gemeinsame Spaß, das Gruppenerlebnis. Die Mädchen sollen in die Verantwortung hineinwachsen und die Dinge in die Hand nehmen.

Neben Hits aus den Charts, zu denen einige Tänze entwickelt wurden (ein Auftritt damit bei der „Schools out Party" ist geplant), liegen immer wieder auch christliche Songs im CD-Player. Diese werden beim nächsten Jugendgottesdienst eingebracht. Durch das wiederholte Hören und Tanzen werden nicht nur die Texte auswendig gelernt - die Jugendlichen eignen sich die Lieder an.

Vom Gemeindefest bis zur Weihnachtsfeier des Sportvereins hat die Gruppe mehr Auftrittsmöglichkeiten als sie annehmen will. Die Mitarbeitenden achten darauf, dass die Jugendlichen und nicht die Auftritte im Mittelpunkt stehen. Ein Wochenende, das der Gemeinschaft in der Gruppe dienen soll, haben sie gerade geplant.

Tanzstile

Die Tanzstile, die bei TeenDance am häufigsten aufgegriffen werden, sind:
Lyricaldance – Streetdance/Hip-Hop – Breakdance – Clapping
Diese Tanzstile stellen wir unter einen Begriff: „Praisedance“ (Lobpreistanz).
Praisedance ist kein spezieller Tanzstil von TeenDance, sondern soll eher die innere Haltung ausdrücken. Egal, in welchem Bereich wir uns zu Hause fühlen, ob mit Breakdance oder Lyricaldance, wir tanzen zu Gottes Ehre. Unser Tanz ist Lobpreis für ihn. Deswegen der Begriff „Praisedance“.

Lyricaldance

Lyricaldance zeichnet sich durch die Umsetzung des Liedtextes in Körpersprache aus. Der Text soll für den Zuschauer sichtbar werden. Bei der Verwendung von Songs von Christen wird dadurch eine neue Ebene der Verkündigung geschaffen, zu der des „gesprochenen Wortes“. Immer mehr Tanzgruppen starten im Umfeld von neu entstandenen Jugendgottesdiensten. Diese Gruppen vermitteln Message oft auf diese Weise.

Streetdance/Hip-Hop

Streetdance und Hip-Hop spricht musik- und tanzbegeisterte Jugendliche an. Auch solche, die bisher nichts mit christlicher Jugendarbeit am Hut hatten.
Vorbilder der Jugendlichen sind oft die Tänzer aus den Videoclips von MTV oder VIVA. Dieser Stil ist für sie attraktiv, allein dadurch, dass sie es tagtäglich vor Augen gemalt bekommen.

Die Hip-Hop-Kurse in Tanzschulen platzen aus allen Nähten. Jeder möchte so tanzen können wie Justin Timberlake oder die neueste Gruppe von „Popstars“.
Genau das ist der Anknüpfungspunkt von TeenDance. Wir wollen einen Raum bieten, Tanz zu erlernen und umzusetzen. Aber eben in einem anderen Rahmen.
Doch auch hier wird nicht nur zu frommen Songs, sondern auch zu Hits aus den Charts getanzt. Nicht so sehr das Ergebnis beim Auftritt zählt, sondern der Prozess vorher. In diesem Prozess kommt das Evangelium zur Sprache (durch Impulse, Gespräche, oder auch christliche Songs) und Jugendliche werden zum Glauben an Christus eingeladen. Diese Gruppen entsprechen am deutlichsten der eigentlichen TeenDance-Konzeption. Und sie sind auch am häufigsten und gefragtesten.

Breakdance

Breaker sind eine eigene Szene. Oft ist das Raumangebot (ihr könnt im Gemeindehaus üben...) der Einstieg. Sie brauchen von Mitarbeitenden aus der christlichen Jugendarbeit eher Coaching und persönliche Begleitung - vortanzen muss ihnen keiner was. Mentor oder Mentorin für eine Breaker-Gruppe zu sein ist was völlig anderes als klassische Gruppenleitung. Aber das macht Sinn. Beim Üben dabei sein, Fahrdienste übernehmen, Auftritte vermitteln – so entsteht Kontakt, so entsteht Vertrauen. Im persönlichen Gespräch kann den Einzelnen weitergeholfen werden, kann der Glaube zur Sprache kommen.

Das TeenDance-Projekt bietet Auftritte, Unterstützung und ein christliches Umfeld und schafft so die Brücke zwischen christlicher Jugendarbeit und dieser Jugendszene, die sonst kaum einen Bezug zur christlichen Szene hat.

Clapping

Beim Clapping wird mit den verschiedensten Gegenständen oder durch Body-Percussion selbst „Musik" gemacht. Man braucht keinen Song, sondern gibt selbst Rhythmus und Takt vor.
Gruppen die nur so arbeiten gibt es kaum. Aber einige Tanzgruppen haben als Showeinlage Clapping-Parts eingebaut.
Und irgendwie hat es immer eine enorme Wirkung auf das Publikum.

Jazzdance

Jazzdance kommt in TeenDance-Gruppen eher seltener vor. Doch bedienen sich viele etlicher Elemente dieses Tanzes.
Jazzdance ist eine Mischung aus Afrikanischem Volkstanz, Modern Dance und Klassischem Ballett. Das Musical „West Side Story" markiert den eigentlichen Anfang von Jazzdance als eigene Gattung.

Der musikalische Hintergrund ist inzwischen sehr oft Beat-, Pop-, und Discomusik. Auch die Bewegungsvorbilder kommen nicht mehr nur aus den Musicals, sondern auch von der Straße, d. h. beispielsweise vom Hip-Hop oder Streetdance.
In vielen Tanzschulen wird hauptsächlich Jazzdance unterrichtet. Es lohnt sich auf jeden Fall, diese Art von Tanz einmal näher anzuschauen oder selbst auszuprobieren. Er kann in eine Choreographie, die sonst von Hip-Hop geprägt ist, noch ganz neue interessante Elemente bringen.

Es gibt keinen Tanzstil oder bestimmte Elemente, die eine TeenDance-Gruppe unbedingt beinhalten muss. Es zählen der innere Prozess der Gruppe und die Gruppe an sich. Ebenso die Art, wie und mit welchen Inhalten sich die Tänzer auf der Bühne präsentieren.
Theoretisch könnte sich eine TeenDance-Gruppe auch für Modern Dance, Steppen oder Ballett entscheiden. In der Praxis gibt es das einfach weniger, weil die meisten Jugendlichen gern Hip-Hop tanzen möchten.
TeenDance an sich legt aber keinen Stil vor. Die oben beschriebenen Stile sind eben die, die in den Gruppen, in Workshops oder Seminaren am häufigsten vorkommen.

Eine Trainingsstunde gestalten

Wie baue ich eine Trainingsstunde richtig auf? Was ist ein Cool Down? Wie halte ich die Leute bei der Stange?

Um solche Fragen soll es hier gehen. Oft werden ein paar wichtige Kleinigkeiten übersehen, die aber entscheidend für eine Trainingsstunde und das Wohlbefinden der Tänzer sind:

- Ganz am Anfang sollte das Warm-up stehen,
  das sowohl dem Körper als auch der Gemeinschaft gut tut.
- Das Hauptprogramm folgt gleich im Anschluss,
  damit der Puls nicht wieder nach unten sinkt.
- Zum Ausklang ist das Cool Down gedacht.

Hier sind einige Möglichkeiten aufgezeigt, wie ihr diese Teile kreativ und effektiv gestalten könnt.

Warm-up

Das Warm-up wird leider oft unterschätzt. Es lohnt sich aber auf jeden Fall eine gewisse Zeit zu investieren. Denn es hat gleich eine zweifache Wirkung. Erstens wärmt es den Körper auf, und zweitens dient das Warm-up dazu, die „ganze Person" auf andere und auf die Trainingsstunde einzustimmen.

Einige Tipps:
Das Warm-up sollte euch mindestens 10 – 15 Minuten wert sein, denn so kommt erst der Kreislauf in Schwung und die Muskeln werden gedehnt. Dadurch wird das Verletzungsrisiko stark herabgesetzt.

Je nach Lust und Laune der Jugendlichen empfiehlt es sich, mit einem gemeinsamen Spiel zu beginnen. Das lockert die Atmosphäre auf und die Muskeln fangen an, sich zu erwärmen. Spieltipps sind im Anhang zu diesem Kapitel zu finden.

Eine andere Idee ist, eine Abfolge von ganz einfachen Schrittkombinationen zu erlernen, wie z. B. Aerobicschritte (Sidesteps, Gravebine, V-Step etc.) oder einige Grundschritte des Hip-Hop (oder denen eines anderen Tanzstils), die die anderen sofort mitmachen können. Es können natürlich auch Schritte verwendet werden, die nachher im Tanz eine Rolle spielen. Dann kann man im Hauptteil ohne viele Worte einfach darauf zurückgreifen.
Bei einigen Wiederholungen und in gesteigertem Tempo kann man da schon ganz schön außer Puste kommen.

Positiver Nebeneffekt:
Man lernt die Grundelemente und Schritte spielerisch kennen und wird mit dem Rhythmus vertraut.
Auch Bewegungen durch den Raum (auf Zehenspitzen oder in der Hocke gehen, Hüpfen, Springen, sich drehen...) können hilfreich sein. Dabei kann man die Kreativität der Jugendlichen fördern, indem man sie individuell etwas mit ihren Armen dazu machen lässt.

Auch Partnerübungen lassen sich gut einbringen.
Ein Beispiel: Zwei oder Drei laufen hintereinander her und wechseln bei jedem Pfiff die Position der Führung. Derjenige, der vorne ist, muss sich immer wieder neue

„Schritte" überlegen, die die Hinteren nachmachen sollen.
Ebenso möglich sind Übungen mit Bällen oder Seilen.
Oder Isolationsübungen (Kopf vom Körper isolieren - nur den Kopf drehen, Beckenwippe, bewusst nur die Schultern einsetzen usw.). Durch die Isolationsübungen lernen die Jugendlichen, wie sich genau dieser Teil des Körpers anfühlt und wie man ihn getrennt von den anderen bewegt. Bei einigen Tanzstilen ist die Umsetzung der Isolation von großer Bedeutung (z. B. Jazzdance).

Ein anderes wichtiges Element beim Warm-up sind die Dehnübungen.
Dabei sollte man darauf achten, dass man vor allem die Muskelgruppen dehnt, die man beim Tanzen am meisten beansprucht.
Damit man keine Muskelgruppen vergisst, hilft es, wenn man von oben nach unten oder von unten nach oben dehnt. Dann hat man garantiert alles „dabei".

Während des Dehnens hat es sich bewährt, leise Musik dazu laufen zu lassen. Sie sollte weder zu hektisch noch zum Einschlafen sein. Und oft kann man sie wunderbar in die Dehnübungen integrieren.

Und so kann das aussehen:

1

Wie ihr auf diesem Bild erkennen könnt, müsst ihr für diese Übung euer rechtes Bein in einem weiten Ausfallschritt nach vorne abstellen. Das linke Bein ist nahezu gerade. Beugt euch nun nach vorne und stützt euch mit euren Armen ab. Je nachdem wie ihr euren Schwerpunkt legt, kann diese Übung die Innen- bzw. die Außenseite des hinteren Beines dehnen. In dieser Stellung verharren und nach einer Weile das Bein wechseln.

2

Die Oberschenkel-Außenseite kann mit dieser Übung ganz gezielt gedehnt werden. Mit einem Bein geht ihr dabei leicht in die Knie und das andere haltet ihr am Knöchel (und nicht an den Fußspitzen!) fest. Die Beine bleiben parallel zueinander. Wenn ihr wollt, könnt ihr euch noch zusätzlich auf den Rhythmus der Musik, auf und ab bewegen, indem ihr das Knie stärker anbeugt und wieder in die Ausgangsposition zurückkehrt.

Eure Beine sind leicht bis stark geöffnet (je nach Dehnbarkeit). Beugt euch nun zur linken Seite runter und berührt mit euren Händen den linken Fuß/ Knöchel. Versucht den Rücken dabei gerade zu lassen. Nach ca. 10-20 Sekunden wechselt ihr die Seite und wiederholt die Übung.

3

Geht in die Hocke. Streckt zunächst euer rechtes Bein seitlich nach außen. Die Fußspitze schaut dabei an die Decke. Je nach Beweglichkeit geht ihr nun mit eurem Gesäß Richtung Fußboden. Um diese Übung zu erleichtern, beugt ihr euch einfach mit dem Oberkörper leicht nach vorne. Das Bein anschließend wechseln.

4

Um euren Rücken zu dehnen und zu stärken, stellt ihr euch breitbeinig hin und „kippt“ euren Oberkörper nach vorne. Schaut, dass euer Rücken dabei gerade ist – verbessert euch gegenseitig! Um die Wirkung noch zu verstärken, nehmt ihr beide Arme mit nach vorne. Der Kopf schaut dabei nicht auf den Boden, sondern nach vorne. Ihr könnt diese Übung variieren, indem ihr euch leicht seitlich dreht.

5

Das linke Bein ist bei dieser Übung angewinkelt und das rechte gestreckt. Die Fußspitzen schauen dabei jeweils nach vorne bzw. nach oben. Ihr dehnt dabei die komplette Innenseite eures Beines. Nach ca. 20 Sekunden wechselt ihr das Bein und führt die Übung etwa 4 mal durch.

6

7

Um auch die seitlichen Muskeln nicht zu vergessen, ist diese Übung sinnvoll. Ihr stellt euch dabei mit offenen Beinen und leicht angewinkelten Knien hin. Den linken Arm führt ihr nun behutsam auf die rechte Seite, so dass ihr auf der linken Seite einen leichten Zug verspürt. Die Übergänge der Arme können der Musik angepasst und so gleichmäßig ausgeführt werden.

8

Diese Übung dient nicht nur zur Dehnung der Innenschenkel-Partie, sondern auch eurem Gleichgewicht. Führt euer rechtes Bein nach außen und unterstützt die Dehnung durch euren rechten Arm, der das Bein nach außen drückt. Zur Stabilisierung könnt ihr euren linken Arm seitlich ausstrecken. Beinwechsel nicht vergessen!

9

Ihr steht in Schrittstellung und eure Beine sind dabei gestreckt. Fasst nun mit eurer linken Hand eure linken Fußspitzen an, so dass ihr dabei ein leichtes Ziehen in der Wade verspürt. Ihr wechselt nach ein paar Sekunden das Bein.

10

Als nächsten Schritt könnt ihr nun euren ganzen Oberkörper nach vorne beugen - aber beachtet, dass eure Beine dabei gestreckt bleiben!

Eine gute Übung, um die Armmuskulatur zu dehnen ist diese: Nehmt dabei euren rechten Arm über die rechte Schulter nach hinten. Als Unterstützung könnt ihr zunächst den linken Arm zu Hilfe nehmen. Habt ihr das geschafft, führt ihr nun auch euren linken Arm auf den Rücken. Beide Arme „treffen" sich in der Mitte und halten sich an den Händen fest. Danach wechselt ihr die Arme, so dass ihr nun auch die linke Oberkörper-Hälfte dehnt.

11

Bringt eure Ideen und Kenntnisse ein. Dies sind nur ein paar Beispiele.

Genauso sind auch die Kräftigungsübungen Teil des Warm-up. Dazu gehören Sit-ups, Liegestützen, Übungen zur Kräftigung von Rücken und Po und einige mehr.
Auch wenn sie bei vielen unbeliebt sind, sind sie doch wichtig. Sie kräftigen die Muskeln und wärmen sie auf. Für die meisten Tanzstile ist etwas Kraft erforderlich und mit etwas regelmäßigem Training (auch wenn es nur 5 intensive Minuten sind) erleichtert man sich vieles.

Stellt euch einen Breaker vor, der keine Spannung im Bauch aufrechterhalten kann. Wie kann er dann so tanzen?
Ihr wisst sicherlich wie es gemeint ist.
Zum Takt des Lieblingssongs sind diese Übungen halb so schlimm und sie gehen dann viel schneller vorbei wie wenn man die Wiederholungen zählt.

Besonders praktisch für die Durchführung des Warm-up ist natürlich eine CD, die eine Auswahl ganz unterschiedlicher Songs enthält, dann muss man nicht für jede neue Übung und neuen Part die CD wechseln.

Nach einer gewissen Zeit wäre es auch möglich, dass einer der Teilnehmenden das Warm-up gestaltet – beachtet aber, dass das Dehnen richtig gemacht wird und auf keinen Fall zu kurz kommt.

Ganz egal wie ihr euer Aufwärmen gestaltet, eins müsst ihr unbedingt beachten: Es sollten keine größeren Lücken entstehen, alles sollte möglichst wie „am Schnürchen" ablaufen, damit der Puls nicht wieder nach unten sinkt.

Ihr seht, eurer Kreativität sind keine Grenzen gesetzt. Ihr könnt in jeder Trainingseinheit etwas Neues ausprobieren und auch Vorschläge der Jugendlichen aufgreifen.

Hier noch einige Spiel-Ideen:

Korb-, Besen-, oder Hut-Tanz
Material: Korb, Besen oder Hut; Musik
Zur Musik tanzen alle im Raum - eine Person tanzt mit einer der genannten Utensilien – der Besen, Korb oder Hut soll immer die Runde machen und möglichst schnell weitergegeben werden.
Stoppt die Musik, muss die Person, die gerade den Besen (o. ä.) in den Händen hat eine Frage beantworten (z. B. „Auf welche Musik tanzt du am liebsten?").
Dann geht es weiter.
Es können auch mehrere Utensilien gleichzeitig eingesetzt werden.

Pausenmusik
Material: Musik
Die Spielenden bewegen sich in einem möglichst großen Raum zur Musik. Zwischendurch wird die Musik in gewissen Zeitabständen ausgeschaltet, und der Spielleiter gibt den Jugendlichen einige Aufgaben:

- möglichst vielen Mitspielenden die Hände schütteln
- alle vier Wände des Raumes berühren
- mit geschlossenen Augen weitergehen
- hinlegen, bis die Musik wieder einsetzt
- mit Gänsefüßchen weitergehen
- sich mit dem Po begrüßen
- mit den Entgegenkommenden die Nasen reiben
- ganz schnell weitertanzen
- rückwärts tanzen usw.

Idee nach Spielewerkstatt Rhinozeros

Tanz mit mir

Material: Äpfel, Löffel, Kartoffeln, Musik

Apfeltanz: Die Jugendlichen suchen sich jeweils einen Partner. Jedes Paar bekommt einen Apfel zwischen die Stirn, der beim gemeinsamen Bewegen nicht runterfallen darf.

Löffeltanz: Jedes Paar bekommt einen Löffel mit einer Kartoffel, die nicht herunterfallen darf und ständig während des Tanzens hin und her gereicht werden muss.

Eckentanz: Alle bewegen sich zur Musik im Raum. Wenn die Musik ausgeht, rennen alle Jugendlichen ganz schnell in eine der Ecken des Raumes.

Erschwert werden können Tanzspiele, wenn der Spielleiter bestimmte Gangarten angibt, z. B. rückwärts, auf einem Bein, mit einem Arm auf dem Rücken etc.

Idee nach Spielewerkstatt Rhinozeros

Ballon-Fest

Material: Luftballons, wasserfeste Filzstifte

Die Jugendlichen verteilen sich in einem möglichst großen Raum. Jeder erhält einen Ballon, der aufgeblasen und zugeknotet wird. Mit einem wasserfesten Filzstift schreibt jeder auf den Ballon seinen Namen. Außerdem kann noch ein Zeichen oder Bild dazugemalt werden. Bei lebhafter Musik tanzt nun jeder mit seinem Ballon durch den Raum. Hierbei darf kein Ballon den Boden berühren. Der Spielleiter kann den Jugendlichen nacheinander in beliebiger Reihenfolge Aufgaben stellen:

Ballon auf einer Fingerspitze, Nase oder Kopf balancieren

Ballons untereinander austauschen, jeweils von Fingerspitze zu Fingerspitze.

Jeweils zwei nehmen einen Ballon zwischen ihre Stirn, Schultern, Pos usw.

Während die Ballons auf dem Boden liegen, bewegen sich alle weiter, dürfen aber keinen zertreten.

Wenn die Musik ausgeht, muss jeder seinen Ballon in die Luft werfen. Jeder erhascht sich nun einen anderen Ballon, und sucht die jeweilige Person dazu.

Kann man auch sehr gut als Kennenlernspiel verwenden!

Idee nach Spielewerkstatt Rhinozeros

Begrüßung in Variationen

Der DJ in diesem Spiel muss CDs mit total verschiedenen Musikrichtungen dabei haben, damit das Spiel überhaupt Sinn macht...

Es wird eine Musikrichtung eingelegt und die Jugendlichen begrüßen sich je nach Art der Lieder, z. B. könnte man bei klassischer Musik einen Hofknicks machen, bei Hip-Hop sich auf eine „coole" Art und Weise begrüßen: „Give me five" usw.

Man kann die Begrüßung auch durch die jeweilige Gangart ersetzen.

So lernt man schnell und vor allen Dingen auf eine witzige Art die Namen der einzelnen Jugendlichen kennen.

Karotten ziehen
So primitiv dieses Spiel auch sein mag, umso spaßiger ist es:

Einer wird als Freiwilliger ausgesucht, der die Rolle des Gärtners übernehmen darf. Die anderen der Gruppe sind die Karotten. Die Karotten legen sich zu Beginn auf den Boden (im Kreis, und mit den Köpfen in der Mitte) und halten sich an den Händen fest. Der Gärtner muss nun versuchen, die schönste, dickste und größte Karotte aus der „Erde" zu holen, indem er versucht sie an den Beinen rauszuziehen. (Im Normalfall suchen sich die Jugendlichen aber zuerst die schwächste Person aus, da es so schon sehr schwierig ist).

Die Karotten wollen natürlich nicht, dass einer ihrer Freunde „gevespert" wird, und halten ihn krampfhaft fest. Sobald jedoch eine Karotte gezogen ist, wird diese auch zum Gärtner und hilft mit, die restlichen Karotten aus dem Boden zu ziehen.
Die letzten zwei Karotten werden in der nächsten Runde die Gärtner.
Neben dem Spaßfaktor wird zusätzlich die Teamfähigkeit gefördert.

Hier noch drei Ideen, die nicht ganz so zum Aufwärmen geeignet sind, sich aber doch prima einmal einbauen lassen. Oder auch beim Cool Down sind sie eine nette Abwechslung. Der Gemeinschaft tun sie auf jeden Fall gut.

Kugellager
Wie im Kugellager steht einem inneren Kreis ein äußerer Kreis „face to face" gegenüber, so dass alle ein Gegenüber haben. Lustige und ernsthafte Fragen werden gestellt. „Was war dein erster Gedanke heute Morgen – und warum? Wohin würdest du gern mal reisen? Was findest du an unsrer Gruppe genial?" usw.
Die Paare bekommen immer 60 Sekunden Gesprächszeit, dann rückt der äußere Kreis eine Position im Uhrzeigersinn weiter. Nächste Frage, nächstes Gespräch – so lange bis alle durch sind. In großen Gruppen empfehlen sich nicht mehr als 6-7 Fragen bzw. Gesprächsphasen.

Uhrzeiten
Ihr bringt eine Wanduhr mit. Alle suchen sich einen Gesprächspartner, den sie noch nicht so gut kennen. Nun stellt ihr die Uhr auf 9:30 Uhr. Die Paare erzählen, was sie heute um diese Zeit gemacht haben. Nächste Uhrzeit ...

Bilder-Wahl
Ihr habt ein kleines Bilderarchiv (Fotos aus Magazinen ausgeschnitten, auf A4-Karton geklebt) und legt ca. 30-40 Fotos aus. Zu einer Leitfrage (z. B. welches Bild hat einen Bezug zu deinem letzten Wochenende?) suchen sich alle ein Bild aus. Im Kreis stellen nachher die Einzelnen ihr Bild vor und erklären, warum sie es ausgewählt haben.

Und hier noch ein paar Warm-ups aus der Erlebnispädagogik

Wichtig bei diesen Warm-ups:
- sie müssen Spaß machen
- aufwärmen soll geschehen
- das Ganze sollte Menschen zusammenbringen
- nicht über 5 Minuten gehen
- wenig Material brauchen

Wuzliputzli
Wuzliputzlis sind eine eigene Spezies, die auf einer einsamen Insel im Pazifik entdeckt wurden. Sie vermehren sich sehr schnell und durch diese Vermehrung gibt es immer wieder Platzprobleme auf der Insel. Um das eigene Überleben zu sichern, versuchen sich die Wuzliputzlis gegenseitig von der Insel ins Meer zu drängen. Die Wuzlipuzlis sind ein wenig anders als wir, denn sie können nur rückwärts gehen und halten sich immer mit ihren Händen unten an den Beinen fest. Aus diesem Grund können sie sich nur mit ihren Hinterteilen von der Insel drängen. Und los geht's.
Material: Ein dickes Seil als Randmarkierung der Insel und einen Raum mit Platz ohne Kanten. Vorsicht Verletzungsgefahr! Denn Wuzliputzlis haben Power.

Colorado
Hier geht es darum, dass einer eine Farbe sagt und alle Teilnehmenden sollen so schnell wie möglich zu einer anderen Person rennen und mit dem Finger auf die Stelle zeigen, wo diese Farbe zu finden ist. Der Letzte macht weiter.
Varianten: Mit Ellenbogen, Po, Nase etc. auf die Stellen zeigen.

Cavallo
Cavallo ist das italienische Pferd. Zwei Gruppen stehen sich in einer Entfernung von 10-15 Metern gegenüber. Beide Gruppen zählen durch und jeder merkt sich seine Nummer. In der Mitte der beiden Gruppen steht der Mitarbeitende. Der hält ein Tuch in die Luft und ruft zwei Zahlen aus der Reihe. Jede Gruppe sollte nun so schnell wie möglich diese zwei Leute als Reiter und Pferd losschicken, um das Tuch zu holen und

wieder zur Gruppe zurückzubringen. Aber Vorsicht! Wer das Tuch hat, kann vom anderen Reiter und Pferdegespann abgeschlagen werden, bevor er bei seiner Gruppe ist. Dieses Warm-up eignet sich für draußen oder in einem großen Raum.
Material: Ein Tuch

Aufstellung Cavallo

Jungfrau – van Helsing - Dracula
Zwei gleichstarke Gruppen stehen sich direkt gegenüber. Das Warm-up funktioniert nach dem Prinzip: „Schnick – Schnack – Schnuk“ oder „Schere, Blatt, Stein“. Dracula will die Jungfrau, fürchtet van Helsing. Die Jungfrau will van Helsing, fürchtet Dracula. Van Helsing will Dracula, fürchtet die Jungfrau. Jede Gruppe beschließt heimlich ihre Figur und stellt sich an einer aufgezeigten Linie gegenüber der anderen Gruppe auf. Der Mitarbeitende gibt Kommando und die Gruppen geben sich gleichzeitig zu erkennen. Van Helsing wird mit Ausfallschritt und einem aus Fingern gestalteten Kreuz dargestellt. Die Jungfrau verdreht sich verschämt und sagt: Ahhhh. Dracula reißt seinen Mund auf, macht Ausfallschritt und faucht. Wer nun gejagt wird setzt sofort zur Flucht nach hinten (eine weitere Linie jeweils 8-10 Meter hinter der Mittellinie) an, die Jäger versuchen diese zu fangen. Bei Gleichstand wird die Hand geschüttelt. Dieses Warm-up kann oft wiederholt werden, wobei die Gruppen je nach Fangquote anwachsen.

Aufstellung Dracula

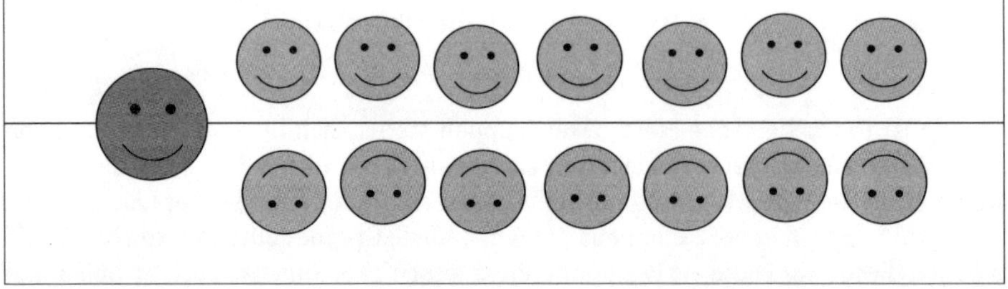

Und hier noch spezielle Aufwärmspiele

Anhängestaffel
Es werden zwei Gruppen/Staffeln gebildet. Die ersten Spieler laufen um eine Markierung und holen jeweils den zweiten Spieler ab. Beide laufen wieder los und holen den dritten Spieler ab usw.... Wenn alle einmal um die Markierung gerannt sind, kann man, wenn man noch die Puste hat, nach Belieben der Reihe nach wieder abhängen.
Material: 4 Stühle oder Ähnliches, um den Anfang und das Ende zu markieren

Krabben fangen
Jeder Spieler krabbelt auf seinen Beinen und Armen und zwar so, dass der Bauch in Richtung Decke schaut. Der ganze Sinn des Spiels ist es, dass der Po den Boden nicht berühren darf. Gleichzeitig muss aber versucht werden, die anderen Spieler zu Boden zu bringen. Wessen Po den Boden berührt hat, scheidet für diese Runde aus.

Warm-ups aus dem Bereich NEW GAMES – Spiele ohne Gewinner

U-Boot
Alle schließen die Augen oder alle Augen werden mit einem Tuch verbunden. Der Spielleiter bestimmt geheim das U-Boot. Alle anderen sind Fische und wollen ins U-Boot. In einem geschlossenen Raum irren jetzt die Fische umher auf der Suche nach diesem unbekannten U-Boot. Das U-Boot verhält sich ruhig, während die Fische, wenn sie sich begegnen, fragen: U-Boot? Kommt die Gegenfrage: U-Boot? Muss weitergesucht werden, bis ein Fisch bei derselben Frage keine Gegenfrage mehr erhält und somit in „Sicherheit" ist. Er darf die Augen öffnen und diese beiden bilden nun gemeinsam das U-Boot, das ständig weiterwächst.
Material: evtl. Tücher zum Verbinden der Augen

Drachenschwanz jagen
Alle Mitspielenden stellen sich hintereinander auf und legen ihre Arme um die Mitte des Vordermanns. Der Letzte in der Reihe steckt sich hinten ein Taschentuch in die Hose. Mit dem Startzeichen beginnt der Drache seinem Schwanz nachzujagen. Dabei muss der vorderste Spieler versuchen, das Taschentuch am Schwanzende zu erwischen. Und was macht die Mitte? Ein Spiel, bei dem man nur gewinnen kann... Anschließend steckt sich der Kopf jetzt das Taschentuch in die Hose, und die Jagd beginnt von vorne...
Material: Tuch oder Taschentuch, große freie Fläche

Hasenjagd
Alle setzen sich in eine Reihe auf den Boden, und zwar so, dass immer alle abwechselnd in die entgegengesetzte Richtung schauen. Der Spieler am Ende der Reihe ist der Hase. Er kann rechts oder links herumlaufen und darf die Richtung wechseln. Der Spieler am anderen Ende beginnt mit der Jagd. Er kann in beide Richtungen los-

rennen, muss aber die einmal eingeschlagene Richtung beibehalten. Der Jäger kann aber jederzeit einem der hockenden Spieler auf den Rücken klopfen, und dieser muss nun die Verfolgung aufnehmen, während sich der Jäger an die frei gewordene Stelle setzt. Dieses Manöver macht die ganze Gruppe zum Jäger und ermöglicht es so, die Mittellinie jederzeit zu überqueren und die Richtung der Jagd zu ändern. Ziel der Jagd ist es natürlich, den Hasen zu fangen.

Paarfangen
Es bilden sich Zweier-Paare. Alle Paare stellen sich verteilt im Raum auf und reichen sich die Hand, oder haken sich ein (sitzend oder liegend wird das Spiel noch erschwert). Ein Paar beginnt: Einer davon ist der „Fänger", der andere ist der „Gejagte" – Die Jagd geht los. Stellt sich der „Gejagte" nun zu einem stehenden Paar auf der linken Seite dazu, wird der auf der gegenüberliegenden Seite (also rechts) zum Fänger und der bisherige Fänger wird zum Renner. Äußerst verwirrend, aber sehr komisch...

Der „Fliegende Holländer"
Alle bis auf zwei stellen sich im Kreis auf und reichen sich die Hände. Die beiden Einzelnen sind das Schiff (Der „Fliegende Holländer"). Sie nehmen sich an der Hand und gehen auf der Suche nach einem Hafen an der Außenseite des Kreises entlang. Haben sie eine günstige Stelle entdeckt, dann trennen sie die Hände zweier Spieler und rennen los. Die zwei getrennten Spieler nehmen sich sofort wieder bei der Hand und laufen in die entgegengesetzte Richtung. Sie müssen versuchen, den Hafen vor dem Fliegenden Holländer zu erreichen. Das Paar das zuerst im Hafen einläuft, schließt den Kreis. Das andere Paar muss sich als nächstes auf die Suche nach einem Hafen machen...
Material: Große Fläche, kein Steinboden – da es ziemlich rasant zugehen kann.

Hauptteil

Wie der Name schon sagt, ist das der wesentliche Teil des ganzen Trainings: Hier wird die Gruppe gemeinsam einen Tanz entwickeln, einstudieren, üben und eventuell dokumentieren.
Nun bekommt ihr einen kurzen, aber guten Überblick. Details findet ihr im Kapitel 6 „Praxistipps".

Der Hauptteil kann aus verschiedenen Phasen aufgebaut sein:

- Klärungsphase:
  passende Musik finden, Ziel des Abends klären
- Kreativphase:
  Schritte ausprobieren, Brainstorming in Kleingruppen
- Übungsphase:
  Einzelne Tanzabschnitte werden so oft wiederholt, bis sie wirklich sitzen, die Performance jedes Einzelnen wird vertieft.
- Organisatorische Phase:
  Neuigkeiten verkünden, Termine absprechen, eventuelle Auftritte planen.

Hier ein paar Tipps für den Hauptteil:

Klärungsphase

Zu Beginn solltet ihr die Ziele für dieses Training festlegen. Sie sollten am Anfang nicht zu hoch gesteckt werden, denn es ist wichtig, dass die ganze Gruppe dieses Etappenziel erreicht. Hier gilt: Weniger ist Mehr.

Ihr solltet euch bereits vor dem allerersten Training für ein Lied entschieden haben, damit es gleich richtig losgehen kann. Bei den weiteren Songs und Tänzen ist aber eine gemeinsame Entscheidung sehr wichtig, damit sich die Jugendlichen ernst genommen fühlen.

Kreativphase

Hier kann rumgesponnen, gehüpft, ausprobiert und experimentiert werden.
Wie oft kommen gute Ideen für einen Tanz aus einem wilden Austesten und Herumspringen heraus. Man sieht bei anderen etwas, probiert es selbst aus, gestaltet es um und schon ist ein cooler Schritt erfunden.

Achtung, seid nicht frustriert, wenn das nicht gleich so klappt und die Jugendlichen sich nicht trauen oder scheinbar unkreativ sind. Es kostet Überwindung, vor anderen einfach so etwas auszuprobieren ohne zu wissen, was man da eigentlich tanzt. Selbst bei Leuten, die sich recht gut kennen kann das manchmal für peinliche Stille sorgen. Trotzdem führt daran nichts vorbei, wenn alle gleichberechtigt sein sollen. Ihr müsst ja nicht gleich in euren ersten Trainingsstunden voll aufs Ganze gehen.

Ja, es ist oft mühsam und anstrengend und frisst unglaublich viel Zeit. Manchmal geht ihr vielleicht auch nach Hause und fragt euch, was ihr eigentlich zustande gekriegt habt. Aber die Mühe ist es wert.

Wie gut ist das Gefühl, wenn man einen Tanz gemeinsam entwickelt hat, jeder etwas beitragen konnte und auch keiner an Schritten was aussetzen kann, weil ja alles gemeinsam choreographiert wurde...
Überfordert eure Gruppe anfangs damit nicht, aber führt sie langsam heran.

Übungsphase

Hilfreich ist es, zuerst die Schrittkombinationen zu lernen, und erst dann die Arme dazu zu nehmen.
Einzelne Tanzsequenzen sollten im Anschluss so oft direkt hintereinander wiederholt werden, bis sie wirklich richtig sitzen und alle sie beherrschen.
Zum Beispiel zählt man nach dem getanzten Abschnitt auf 8, kann man gleich wieder von vorne starten.

Es ist auch sinnvoll, wenn ihr euch in kleinere Gruppen (2-3 Personen, je nach Größe der Gruppe) aufteilt, um die bisher entstandenen Tanzabschnitte separat zu üben. Voraussetzung ist dabei, dass es in den Gruppen mindestens einen gibt, der den Abschnitt gut kann. Damit wird es effektiv und es schleichen sich keine neuen Fehler ein. Die Jugendlichen, die den Schritt schneller drauf haben, helfen denen, die ihn erst noch lernen müssen.

Habt ihr euer „Etappenziel" erreicht, wäre es nicht schlecht, wenn ihr das schon entstandene Stück Tanz schriftlich festhalten könntet, damit es bis zum nächsten Treff auch nicht vergessen wird.

Das Wichtigste ist, dass die Menschen im Mittelpunkt stehen, und dass es Spaß macht. Merkt ihr zum Beispiel, dass das Ziel dieses Mal zu hoch liegt und der Spaßfaktor langsam Richtung Null geht, solltet ihr lieber abbrechen und etwas für die Gemeinschaft tun. Ein Spiel oder ein schon bekannter Tanz bieten sich hier an.

Organisatorische Phase

Da werden Neuigkeiten besprochen, Termine abgeklärt, Auftritte geplant und manches andere geregelt.
Wann das in der Trainingsstunde Platz hat, ist von Gruppe zu Gruppe verschieden.
Am Anfang, am Schluss oder auch in den Tanzpausen.
Wenn es aufregende Neuigkeiten gibt, können die kaum bis zum Schluss warten. Termine sind aber am Ende einfacher zu klären, wenn man weiß, wie weit man heute gekommen ist ... Probiert aus, was bei euch am Besten klappt.
Manches kann auch schon während des Warm-up oder des Cool Down besprochen werden.

Cool Down

Ein Cool Down sollte idealerweise auch so um die 10-15 Minuten dauern.
Ein oder zwei langsame und besinnliche Lieder reichen aber auch vollkommen aus.
Der Sinn und Zweck eines Cool Down ist es, dass ihr zur Ruhe kommt und euch entspannt.
Ein Cool Down ist wichtig, um den Körper wieder zu normalisieren und den Puls zu „beruhigen".
Dazu solltet ihr euch nochmals dehnen, langsame Schritte auf der Stelle (z. B. Laufen) und Entspannungsübungen machen.
Beruhigend sind auch Übungen, bei denen man sich ausschließlich auf das Atmen konzentriert.
Ein Cool Down ist einfach eine schöne Art, die gemeinsame Zeit abzuschließen.

Verkündigung & (den) Glauben leben in der TeenDance-Gruppe 3

Einige Vorüberlegungen

Zwölf Tipps für die praktische Vorbereitung eines Impulses

Aufhänger für eine Andacht

Beispiele für Andachten

Literaturliste für Andachtsbücher

Glauben leben – Wie Glaube Hände und Füße bekommt

Verkündigung & (den) Glauben leben in der TeenDance-Gruppe

Verkündigung und Glauben leben ist das Zentrum von TeenDance. Verbindungen zwischen Leben und Glauben zu schaffen ist das Ziel der Verkündigung. Wie kann ich Jugendlichen verständlich Gottes Botschaft weitergeben? Gott sehnt sich nach Versöhnung mit seinem Gegenüber. Er wünscht sich für jeden Menschen, dass er befreit leben, sich entdecken und entfalten kann.

Übrigens, wenn ein paar Jugendliche Lust haben, dann können die Andachten natürlich auch von ihnen vorbereitet werden.

Einige Vorüberlegungen

Glauben und Leben

Glauben und Leben sind zwei Begriffe die sich nur zusammen entfalten. Wenn der Glaube in der Krise steckt, entwickelt sich kein Leben. Wenn er sich aber entwickelt, dann können wir aufleben (und genauso natürlich umgekehrt).
„Ich will wieder meinen alten Glauben." Ein Satz, der mir oft begegnet. Doch Glaube ist nichts, was ich jemals fest habe. Glaube lebt und bewegt sich, ist organisch und verändert sich. Gesunder Glaube verändert sich, genauso wie ich mich selbst verändere und mein Leben sich dann verändert. Glaube und Leben lassen sich nicht trennen. Alles was ich geistlich erfahre, wirkt sich in meinem Leben aus. Was ich nur erlebe und keine Auswirkung auf mein Leben haben darf, wird zur schlechten Erfahrung. Alles was ich in meinem Alltag erfahre (Unfall, Tod, Beziehung, Freunde, Freude etc.) wirkt sich auf meinen Glauben aus. Ein Versuch, Glaube und Leben zu trennen, wird zum frömmelnden Glauben, der abhebt oder in Angst endet. Angst verkrümmt den Menschen, Glaube befreit.

Persönlichkeit

Nur wer seine Persönlichkeit kennt, oder zumindest sich mit seiner Persönlichkeit an einen Tisch setzt, kann Gottes Botschaft verkündigen. Ansonsten verkündigt sich der Mensch selbst.
Verkündigung ist keine Bühne für den, der redet, sondern für den Inhalt. Wer Persönlichkeit ist, braucht sich nicht darzustellen, sondern hat die Power den Inhalt zu sagen. Nicht ich verkündige mich und zeige, was da für ein Hecht auf der Bühne steht. Um Persönlichkeit zu werden, sollte man sich natürlich mit ihr auseinander setzen. Sich selbst wahrzunehmen, die Stärken, Gaben und Bedürfnisse, bergen die Chance in sich, etwas zu sagen zu haben, das einen selbst durchdringt.

Offenheit

Wer Offenheit vom Hörer wünscht, muss selbst offen sein! Das heißt, nicht nur positive Dinge reden und Schönes hören wollen, sondern auch Fehler erkennen, Schwierigkeiten nicht aus dem Weg gehen, und den Wunsch in sich tragen, sich selbst weiterzuentwickeln und zu verändern.

Jeder Redner wünscht sich Offenheit beim Hörenden. Leider predigen viele so, dass ihrerseits wenig Offenheit zu spüren ist. Wer offen predigt, öffnet Herzen. Weil Andachten etwas anregen und andenken sollen, was später zu Ende gedacht werden darf, sind wir auf die Offenheit des Hörenden angewiesen. Was bringt eine Andacht, die nicht einlädt, das Ganze selbst zu verinnerlichen. Übrigens tut es jedem Menschen gut, sich selbst einzugestehen, dass man nicht immer alles weiß und man sich selbst immer wieder verändern muss.

Zwölf Tipps für die praktische Vorbereitung eines Impulses

Tipp 1

Werde dir über das Ziel deiner Andacht klar: Was willst du bei deinen Zuhörenden erreichen? Soll deine Andacht stärker christliche Lehre vermitteln oder willst du mehr von deinen eigenen Glaubenserfahrungen reden (also ein Zeugnis geben)? Wo steht die Gruppe? In welchem Zusammenhang soll deine Andacht stehen?

Tipp 2

Ein guter Einstieg ist schon die halbe Miete! Überlege dir genau, wie du anfangen willst. Wenn du erst mal eine Minute planlos und unsicher rumgeleiert hast, hört dir nur noch die Freundin/der Freund zu – das ist echte Liebe... Als Einstieg empfiehlt sich eine gute kurze Geschichte zum Thema! Aktuell, alltagsbezogen. Starte mit einem aktuellen Erlebnis, Ereignis in der Gruppe oder weltweit.

Tipp 3

Die Andacht muss eine zentrale Aussage haben. Wenn du nur Allgemeinheiten verströmst, bleibt bei den Zuhörenden nichts hängen! Schwafle nicht. Lass alles auf einen Punkt zulaufen. Sei kurz und prägnant.

Tipp 4

Einfach: Sowohl von der Sprache her, als auch vom Gedankengang. Lass lieber was weg. Benutze alltägliche Sprache, vermeide christliches Vokabular. Setze nicht großes biblisches Wissen voraus!

Tipp 5

Kreativ, bildhaft. Lass die Jugendlichen möglichst selber etwas (mit-) machen (in Gedanken/Bewegungen/dem Nachbarn was sagen usw. ...). Die Andacht soll mobilisieren, nicht zum trägen Abschalten verführen. Benutze geistige oder tatsächliche Bilder – sie berühren die Menschen und bleiben haften.

Tipp 6

Rede von dem, was dich selbst gepackt hat. Bring dich mit deiner Person ein. Lass die Zuhörenden an dir teilhaben. Deine innere Grundhaltung ist dabei wichtig! Denn in deiner Körpersprache kommt zum Ausdruck, ob du die Andacht gern, überzeugt, leidenschaftlich machst oder ob du nur froh bist, wenn's vorüber ist. Illustriere das, was du erzählst oder sag es durch Mimik und Handbewegung. Ein-Mann-Theater statt professoralem Vortrag.

Tipp 7

Setze deine Andacht in Beziehung zum Thema des Liedes oder dem Alltag der Jugendlichen. Bleib nicht abstrakt, werde konkret und alltagsnah.

Tipp 8

Du musst nicht auf alles eine Antwort haben. Fragen, die du hast, können für die anderen auch eine Hilfe bzw. ein Anstoß sein.

Tipp 9

Fang früh genug an! Überlege dir eine Woche vorher die Hauptaussage. „Geh damit schwanger": Unterwegs im Bus, abends im Bett, frag andere dazu. Und plötzlich kommen dir Ideen. Es verbinden sich Situationen, Erlebnisse, Begegnungen mit dem was du sagen willst.

Tipp 10

Bereite deine Andacht oder Impuls in aller Ruhe vor. Zieh dich zurück und besprich dich mit Gott. Bitte ihn um seinen Segen und um die richtigen Worte.

Tipp 11

Start und Landung sind bei einer Andacht so wichtig wie beim Fliegen. Ein gutes Ende mit einer kräftigen Schlussaussage ist wie ein Abschiedskuss: Da muss man von zehren können... Überlege dir den Schluss gut und bereite deswegen den letzten Satz genau vor!

Tipp 12

Du darfst über alles reden, nur nicht über zehn Minuten!

Und für die, denen das auch zu lange war, drei Wörter:
www: wenig – wichtig – wuchtig

Aufhänger für eine Andacht

Anknüpfung an ein Lied

Quelle: Ein Lied, das einigermaßen bekannt ist und noch so viel Text hat, dass man eine inhaltliche Aussage darin erkennen kann.

Beispiele:

From a distance (Bette Midler) ----- Textaussage
Jesus Freak (DC Talk) ------------- Textaussage
Tubthumping (Chambawamba) ----- Lebenseinstellung
Tears in heaven (Clapton) ---------- Lebenssituation

Aktuell: Vielleicht (Söhne Mannheims)

Ablauf: Ausgangspunkt ist das Lied. Ich sage, warum ich dieses Lied ausgewählt habe (Text, Musik oder Gesamtaussage). Viele Lieder haben (heute) keine tiefgehende Aussage im Text. Sie verkörpern eher ein Lebensgefühl oder eine Lebenseinstellung (Tubthumping). Diese gilt es zu erkennen und zu beschreiben. Dann ist zu fragen, welche Gefühle in diesem Lied nachempfunden werden und ob ich dies nachvollziehen kann. Kann ich daraus etwas Realistisches ableiten. „Tears in heaven" z. B. trifft eine Lebenssituation, die jeder kennt: Gibt es einen Himmel (diese Frage kommt nicht in diesem Lied vor), werde ich dort sein und werde ich dort die Menschen wiedersehen, die ich liebe? Hier werden Gefühle stellvertretend für Millionen inkarniert. Das ist Kunst!

Die entscheidende Frage ist jetzt, ob ich positiv anknüpfe (also die Aussage unterstreiche und bejahe) oder ob ich mich von dieser Aussage abgrenzen will bzw. muss? Hier eine eindeutige Entscheidung treffen und dazu sollte ich die Aussage des Liedes vorher verstanden haben. Tipps: Bei der Anknüpfung an religiöse Abschnitte in Liedtexten sollten wir sehr kritisch sein. Nicht alle Lieder, in denen mal Gott oder Jesus vorkommen eignen sich für eine positive Anknüpfung.
Wichtig ist, dass die Hauptaussage eines Liedes herausgefunden wird. Diese Aussage muss die meisten meiner Hörer betreffen und von ihnen nachvollzogen werden können.
Unter www.swr3.de gibt es in der Kategorie Lyriks von sehr vielen Liedern hervorragende (nicht originalgetreue aber inhaltlich stimmige) Übertragungen ins Deutsche.

Ein kulturelles oder politisches Ereignis aufnehmen

Quelle: Ein Ereignis aus den Nachrichten, das oben auf ist. Es kann sich auch mal um ein kulturelles Ereignis handeln.

Beispiele:

Konzert von xyz und die Reaktion der Massen
Reaktionen auf eine Ausstellung (z. B. „Kriegsverbrechen der Wehrmacht im Zweiten Weltkrieg" oder „Körperwelten")
Eine Katastrophenmeldung (Flugzeugabsturz, Erdbeben...)

Aufbau: Du beschreibst das Ereignis. Evtl. sagst du gleich zu Beginn, was der Anlass für diese Andacht war. Dabei ist es wichtig, dass du dir vorher gut überlegst, was du aussagen willst.

Ziel ist, den Bezugspunkt zwischen dem Ereignis und deinem Andachtsthema genau herauszuarbeiten.
Bei XYZ könnte es das Thema „Stars und Idole in meinem Leben sein".
Bei der Ausstellung über die Kriegsverbrechen der Wehrmacht könnte es das Thema „Schuld und Vergebung" oder auch „Versöhnung/Aussöhnung" sein.
Zu diesen Themen lassen sich dann auch entsprechende Bibelaussagen finden.

Tipps: Bei der Beschreibung des Ereignisses (Nachricht) solltet ihr gründlich sein. Nehmt keine reißerischen Themen, denn die sind stärker präsent und entwickeln eine Eigendynamik und es geht dann vielleicht nicht mehr um deinen eigentlichen Inhalt. Nicht einfach aus dem Bauch heraus irgendetwas erzählen, sondern genau recherchieren!
Hilfreich sind Illustrationen wie z. B. ein Zeitungsartikel, Videoeinspielung, ein Bild, ein Hörbeispiel oder sonst ein Medium.
Halte den Bezugspunkt zwischen dem Ereignis und deiner Andacht auf jeden Fall schriftlich fest (möglichst ein Satz).
Beschränke dich auf eine Aussage.

Ein persönliches Ereignis aufnehmen

Quelle: Ein persönliches Ereignis in deinem Leben oder im Umfeld deiner Hörer.
Beispiele:
Ein Mitarbeitender der Gruppe heiratet ...
Ein Teilnehmender steigt aus der Gruppe aus, weil er enttäuscht ist ...
Ein Mensch kommt durch einen Unfall um ...
Aufbau: Du beschreibst das Ereignis.
Evtl. sagst du gleich zu Beginn, was der Anlass für diese Andacht war.
Hier geht es darum, den Bezugspunkt zwischen dem Ereignis und deinem Andachtsthema genau herauszuarbeiten.
Bei der Heirat des Mitarbeitenden bietet sich das Thema „Beziehungen" oder auch „Warum eigentlich heiraten?" an. Gerade bei so „moralischen Themen" ist es wichtig, einen biblischen Bezug herzustellen und sich nicht zum „Moralapostel" aufzuspielen.

Beim Thema „Tod durch Unfall" sollte klar sein, ob du dem Thema selber gewachsen bist, und die Gruppe im Moment in der Lage ist über das Thema nachzudenken. Doch ich bin mir sicher, wenn Dich eine tragische Situation beschäftigt und Dich persönlich berührt (womöglich dich noch selbst betrifft), und deine Gruppe dies weiß oder ahnt, dann ist es egal, über was du eine Andacht machst, es wird alles auf dem Hintergrund dieser tragischen Erfahrung gehört werden. Also warum dann nicht gleich das zum Thema machen, was eh alle bewegt.

Auf jeden Fall sollte auch hier wieder der Bezug zu einer biblischen Aussage gesucht werden. Tipps: Das Ereignis sollte nicht zu persönlich sein (z. B. wenn die Freundin des verstorbenen Teilnehmenden unter den Zuhörern ist). Wer nicht moralisch werden will, sollte sich bei ethischen Aussagen an die Bibel halten und sagen, was die Bibel sagt und nicht nur, was „man" sagt.

Eine thematische Andacht im Bezug auf einen Gegenstand

Quelle: Ein Gegenstand und ein Gedanke, den du mit dem Gegenstand verbindest.
Beispiel:
Eine Scheibe aus dem Stamm eines Baumes, auf dem die Jahresringe zu sehen sind. Du vergleichst die Ringe/Spuren/Kennzeichen mit Abschnitten in deinem Leben.
Ablauf: Du zeigst den Gegenstand. Evtl. kannst du die Gruppe auch fragen, was ihnen spontan zu diesem Gegenstand einfällt. In den Antworten wird der Gegenstand (Baum, Jahresringe, Wachstum, Zeit) zum Thema. Du hast dir vorher überlegt, auf was du hinaus willst: Der Vergleich der Wachstumsringe mit dem geistlichen Wachstum im Leben eines Christen. Du erzählst anhand dieses Gegenstandes, was du zum eben genannten Thema sagen willst.
Wichtig ist, dass du einen Bezug zur Bibel herstellst. Tipps: Große Gegenstände eignen sich besser, weil sie von allen gesehen werden und besser wirken (trotzdem kein Pferd mitbringen!).

Der Gegenstand sollte während der Andacht für alle sichtbar sein und bleiben. Und denke daran: Der Gegenstand ist ein Hilfsmittel zur Veranschaulichung dessen, was du zu sagen hast, aber nicht der Inhalt! Sonst erzählst du am Ende noch die Story vom Pferd, falls du doch eins dabei hast.
Steffen Beck, Quelle: TEN SING Materialbank

Beispiele für Andachten

Zitate zum Thema: Tanzen

- Du hast meine Klage verwandelt in einen Freudentanz. (Psalm 30,12)
- David tanzte mit aller Macht vor dem Herrn. (2. Sam 6,14)
- Das Ende aller Wege Gottes ist Körperlichkeit. (Oetinger)
- Man kann nicht auf zwei Hochzeiten tanzen.
- Mensch lerne tanzen, sonst wissen die Engel im Himmel mit dir nichts anzufangen.
- Manche Menschen lassen unsere Seele tanzen!
- Tanzen ist Träumen mit den Beinen!!!
- Als ich die Sinnlichkeit entdeckte, hörte ich auf an Gott zu glauben, denn er stahl mir die Erde. (Simone de Beauvoire)
- Das ist der Rhythmus, wo jeder mit muss.

______ Brüderchen, komm tanz mit mir.
______ God is a DJ. This is my church.
______ Rock my soul in the bossom of Abrahm.

Du kannst die Zitate als Textpuzzle verwenden, indem man jedes Wort auf einen Zettel schreibt. In Gruppen muss dann der Satz wieder zusammengefügt werden.
Oder du kannst sie jeweils auf ein Plakat schreiben und die Jugendlichen gehen umher, also als interaktive Bodenzeitung. Sie schreiben das auf, was sie gerade denken, z. B. schreibt einer zu dem Zitat „God is a DJ" „Glaub' ich nicht!" hin. Schon kann das „Stumme Gespräch" losgehen, denn jede Meinung ist gefragt. Das Spannende daran ist die Tatsache, dass sie nur schriftlich und nicht verbal kommunizieren dürfen.

Glaube und Körper – Biblische Impulse

1. Gott ist ein Wirt – Gottesbilder (Psalm 23)

Einstieg

mit Cartoons, die möglichen Gottesbilder aufzeigen (Polizist, weltabgewandter Priester etc.)
„Heiteres Beruferaten - welchen Beruf hat Gott?" Alle überlegen sich, welchen Beruf Gott haben könnte. Austauschrunde - jeder begründet kurz seine „Berufswahl" im Blick auf Gott.
In der Bibel gibt es viele Bilder für Gott, viele Gottesbilder - aber eines überrascht: „Gott ist ein Wirt" (Psalm 23 – Der Hirt wird zum Wirt): „Du salbst mein Haupt mit Öl (Willkommensgruß) und schenkst mir voll ein."

Möglicher Abschluss

G.O.D. von Nana auf der CD „Father" - Psalm 23 dient hier als Vorspann

2. Der heilige Kuss (1. Thess. 5,26; 2. Kor. 13,12; 1. Kor. 16,20)

Einstieg

Lustige Grußformen
Zwei Bahnwärter begrüßen sich: Rechter Arm senkrecht, linke Hand kurbelt diesen Arm wie eine Bahnschranke herunter – sind beide rechten Arme horizontal, auf gleicher Höhe: Händeschütteln.
Zwei Banker begrüßen sich: Die beiden kleinen Finger der rechten Hand einhaken, Daumen und Zeigefinger reiben.
Zwei Holzfäller begrüßen sich: Linker Arm jeweils auf die Schulter des andern, die rechten Hände fassen einander und schwingen hin und her, als würden sie eine Baumsäge bedienen.

Rollenspiel

Wie begrüßen sich: zwei Damen im Altersheim; zwei Skater; zwei türkische Mädchen; zwei Motorradfahrer; zwei Priester; zwei Topmanager...

Kärtchen vorbereiten mit jeweils 2 x „Damen im Altersheim" usw. Alle Paare bekommen 3 Minuten Zeit, eine entsprechende Begrüßung zu überlegen und führen sie dann vor.
Was ist die christliche Begrüßung?! Bibelstellen zum „Heiligen Kuss" vorlesen (1. Thess. 5,26; 2. Kor. 13,12; 1. Kor. 16,20). Verweis auf die orientalische Praxis bis heute (z. B. junge Türken!) – Wie können wir die Kultur der Berührungslosigkeit überwinden?

Möglicher Abschluss

die kirche des geistes
sind unsre körper
(schrieb der epileptiker einst nach korinth)
darum dann
umarmungen, küsse und heilige mähler
erst später
kirchen aus stein

Kurt Marti, Namenszug mit Mond. Aus den Bänden: republikanische gedichte, gedichte am rand, alfabeere und cymbelkang rosa, loui, leichenreden, heil vetia, undereinisch, heimarkund, tagebuech, blondbuech, allersiebnisch, meergedichte alpengedichte, abendland, mein barfüßig lob, da geht dasein.

3. Fit for Fun - um jeden Preis (Psalm 139)

Einstieg

Song „Dicke" (von Marius Müller-Westernhagen)
Vorsicht! Gut überlegen, ob die Gruppe diesen fiesen Song (z. T. Sendeverbot im Radio!) verkraftet. Als Provokation aber ein guter Gesprächseinstieg.

Gespräch

Schönheitskult, Fit for Fun. Der Song von Westernhagen ist nur die Spitze des Eisbergs. Unser Schönheitsideal verführt zu unendlich vielen Diäten, Hungerkuren. Dagegen: Barockes Schönheitsideal oder afrikanisches Empfinden. Füllige Formen werden da als schön empfunden, eine Barbie eher als Sinnbild für Hungerleiden.
Essstörungen - und was dahinter steckt, oder dahinter stecken könnte. Unter anderem eben auch Ausdruck eines Schlankheitswahns.
Psalm 139 „Du bist einzigartig" - der Fingerabdruck, der genetische Code zeigt es: unverwechselbar, einzigartig, gewollt. Was heißt das für Montagmorgen?

Dieser Impuls kann Gespräche, „Seelsorge-Bedarf" auslösen. Seid offen dafür. Sprecht nur das an, was ihr dann auch „auffangen" könnt.
Reinhold Krebs

4. Du bist gefragt (Psalm 139, 13-16)

geburt
ich wurde nicht gefragt
bei meiner zeugung
und die mich zeugten
wurden auch nicht gefragt
bei ihrer zeugung
niemand wurde gefragt
außer dem Einen

und der sagte
ja
ich wurde nicht gefragt
bei meiner geburt
und die mich gebar
wurde auch nicht gefragt
bei ihrer geburt
niemand wurde gefragt
außer dem Einen

und der sagte
ja

Ich wurde nicht gefragt. Ich wurde nicht gefragt, niemand wurde gefragt
Das ist die menschliche Grundsituation, die Urerfahrung – in einem Satz geballt
Ich wurde nicht gefragt, ob ich überhaupt leben wollte
Erst recht nicht gefragt, ob als Junge oder Mädchen
Meine Eltern, meine soziale Herkunft habe ich mir nicht ausgesucht
Meine Hautfarbe, mein Heimatland konnte ich mir nicht aussuchen
Ich wurde nicht gefragt.
Und von den äußeren Dingen zu den inneren:
Fähigkeiten oder Schwächen, gesunde Konstitution oder stets angegriffene Gesundheit, sehr intelligent oder eben weniger ...
All dies sind Dinge, die unser Leben sehr stark ausmachen
Aber wir wurden nicht gefragt!
Diese Grunderfahrung von uns Menschen kennen wir alle: wir wurden nicht gefragt. Vieles ist einfach so, ohne dass wir gefragt wurden, ob wir das auch so wollen.

Niemand wurde gefragt außer dem Einen und der sagte Ja ...
Niemand wurde gefragt, alle sind wir einfach so hineingeworfen in unser Leben, außer dem Einen.

Dieser Eine ist anders, er ist im Bilde, er weiß,
warum er kam und wohin die Reise geht.
Ich spreche von Jesus.
Und weil er anders ist, weil er auf die Seite Gottes gehört, kann er uns helfen.
Niemand wurde gefragt, außer dem Einen und der sagt Ja ...
ja zu dir, so wie es dich gibt.
Fürchte dich nicht, ich habe dich bei deinem Namen gerufen, du bist mein
du bist mein und in meinen Händen geborgen
inmitten deines turbulenten Lebens gebe ich dir meinen Halt
Niemand hat dich gefragt, ob und wie du leben wolltest,
aber der Eine, der hat nach dir gefragt und er hat ein gutes Ziel für dich,
es ist nicht egal, ob es dich gibt oder nicht, weil der Eine gesagt hat:
du bist mein
Bei dir, Gott, bin ich zu Hause, da darf ich zu Hause sein.
Ein Psalmschreiber hat das mal so ausgedrückt (Psalm 139,13-16)
Steffen Beck, Quelle: Ten Sing Materialbank

5. Impuls zu 2. Kor. 5,17

Einleitung

Stell dir vor, du würdest Christ werden. Was würde sich wohl in deinem Leben verändern? Oder angenommen, du bist Christ. Was hat sich in deinem Leben wirklich verändert? Was passiert da eigentlich, wenn jemand Christ wird?

Zwei Beispiele

1. Das ist Micha

Micha ist ein Draufgänger - erlaubt ist, was Spaß macht und Micha machte viel Spaß. Micha lebte so drauf los und plötzlich begegnet er Jesus und fand zum Glauben an ihn.

Man sagte ihm: Micha, Jesus gab sein Leben für dich, damit du ohne Zielverfehlung (Sünde) bist. Er liebt dich, so wie du bist; mit allen Ecken und Kanten.

Was ja auch stimmte!

Gut so, dachte Micha. Endlich mal einer, der mich so nimmt, wie ich bin, den Jesus, den find ich gut (liebt mich so wie ich bin, das hat noch keiner geschafft).

Und Micha lebte weiter wie bisher, nur, dass er jetzt Christ war.

2. Das ist Niklas

Niklas war schon immer anständig: anständig gezeugt - anständige Eltern - anständig erzogen und aufgewachsen - was Anständiges gelernt - anständig verheiratet.

Auch Niklas kam zum Glauben an Jesus Christus, als er eines Tages ganz anständig zu einer christlichen Versammlung ging und ein völlig unanständiger Prediger eine missionarische Powerpredigt von der Kanzel ließ.

Man sagte ihm: „Niemand kommt in den Himmel, außer wenn er sich zu Jesus bekehrt hat, auch du nicht Niklas."

Was ja auch stimmte!

Niklas erschrak erst mal anständig und dachte: „Ja, wenn das so ist, dann will ich mich erst mal anständig bekehren."
Und so wurde Niklas Christ und lebte weiter so anständig wie zuvor.

Thema benennen (die Frage)
Zwei unterschiedliche Menschen sind zum Glauben an Jesus gekommen und nun leben sie auf unterschiedliche Art und Weise als Christen in dieser Welt.
Es wundert ja keinen, dass Niklas ein etwas anständigeres Leben führt als Micha.
Aber was macht das Christsein wirklich aus, wenn es sich moralisch so schlecht fassen lässt? Was wird denn eigentlich anders, wenn jemand Christ wird?

Gotteswort zum Thema
Gott hat uns darauf eine klare Antwort gegeben:
Ist jemand in Christus, so ist er eine neue Kreatur; das Alte ist vergangen, siehe, Neues ist geworden. (2. Kor. 5,17) Du gewinnst eine ganz neue Identität. Du kannst dein Leben ändern, du musst nicht mehr so leben wie bisher.

Ein Beispiel dazu
Hier ist ein Personalausweis (meiner), auf engl. Identity-Card (Identitäts-Karte).
Mittels dieses Ausweises kann man mich identifizieren.
Man will es zwar nicht immer wahr haben, aber dieses Bild ist ein Bild von mir - das bin ich, diese Augenfarbe ist meine Augenfarbe (diese Größe, diese Staatsbürgerschaft).
Das bin ich!
Und jetzt sagt Gott:
Ist jemand in Christus, so ist er eine neue Kreatur. Das Alte ist vergangen, siehe, Neues ist geworden. (2. Kor. 5,17)
Wenn jemand Christ ist, dann ist es so, als hätte er einen neuen Personalausweis (eine neue Identität).
Du bist jetzt nicht mehr der Alte (oder die Alte), sondern eine ganz neue Person.
Jetzt gilt von dir nicht mehr das, was andere von dir sagen (denkt an Micha und Niklas). Jetzt gilt, was Gott über dich und dein Leben sagt.
Und er sagt: Du bist gerecht, du bist o. k. Da wo du dein Ziel verfehlt hast (deine Zielverfehlung (Sünde)) hat Jesus das zum Ziel gebracht, du kannst jetzt frei leben.

Zuspruch
Wenn jemand Christ wird, dann wird sich in dieser Hinsicht etwas in seinem Leben verändern.
Wenn jemand noch nicht Christ ist, wird er von diesen Dingen in seinem Leben nichts merken. Wenn jemand Christ ist und trotzdem nichts von dieser neuen Schöpfung spürt und sieht, dann liegt es daran, dass er in seinem Christsein nicht gewachsen ist. Wenn aber jemand dieses Neue in seinem Leben erfahren will, dann ist das möglich. Man muss es nur wissen und wollen.
Jetzt wisst ihrs, wollen und glauben müsst ihr es selber.
Steffen Beck, Quelle: Ten Sing Materialbank

6. Menschen des Jahres

Einstieg

Material: Plakat mit „Siegertreppchen" - Namensschilder der Kandidaten. Es gibt den „Sportler des Jahres", den „Fußballer des Jahres". Stellt euch vor, es würde der „Mensch des Jahres" gewählt und folgende Kandidaten stünden zur Auswahl:

Lucy Lustig (Werbekauffrau, 22):
Ist in der Regel gut drauf; der „Sonnenschein" in der Firma. Trägt zu einem prima Klima im Betrieb bei. Am Wochenende ist Party angesagt, zusammen mit ihrer Clique. Aber sie engagiert sich auch bei Greenpeace und hat ein indisches Patenkind.

Mary Mercy (Missionskrankenschwester, 29):
Lebt seit acht Jahren im Senegal. In einer kleinen Missionsstation behandelt sie einheimische Patienten mit einfachsten Mitteln. Auch Andachten in dem kleinen Krankenhaus übernimmt sie immer wieder.

Peanuts Schneider (Geschäftsmann, 45):
Hat durch Grundstücksspekulationen viel Geld verdient. Allerdings auch Mieter vor die Tür setzen lassen, um Altbauwohnungen zu modernisieren.
Hat nun Gewissensbisse und möchte von vorne anfangen.

Dennis Drillmann (Schüler, 16):
Ist Schülersprecher an seiner Schule, beliebt bei den Mitschülerinnen. Für seine sportlichen und schulischen Leistungen hat er einige Auszeichnungen erhalten. Arbeitet in der Kinderkirche seiner Gemeinde mit.

Wen würdet ihr zum „Mensch des Jahres" machen?
Einzelne aus der Gruppe können die Namensschilder auf dem jeweiligen Treppchen anbringen und kurz begründen - vielleicht einigt sich die Gruppe ja auch auf eine gemeinsame Rangfolge.

Biblischer Text: Lukas 18, 9-13

Zielgedanke „Gott nötig zu haben ist des Menschen höchste Vollkommenheit." (Kierkegaard)

Impuls

Jesus hat manchmal Geschichten erzählt, bei denen seinen Zuhörenden das Messer in der Tasche aufgegangen ist. Ganz simple Geschichten - aber die Pointe hatte es in sich. Eine davon spielt im Tempel.
Lukas 18,9-13 nacherzählen:
Die Pharisäer (Laienbewegung und Frömmigkeitsrichtung im damaligen Judentum) als engagierte, fromme, ernsthafte Menschen schildern, die im Volk beliebt waren und sich für die „besseren Juden" hielten (Pharisäer heißt wörtlich: „die sich Absondernden").

Sie distanzierten sich von den „Drecksjuden", den Zolleinnehmern, die gemeinsame Sache mit der römischen Besatzung machten, geldgierig waren und an ihren Schlagbäumen Arm und Reich gleichermaßen das Geld aus der Tasche zogen.

Schlusspunkt
Vielleicht scheitern die meisten, wenn es um den Glauben geht, daran:
Sie wollen etwas bringen und vorweisen bei Gott. So wie wir es untereinander gewohnt sind: Immer musst du dich beweisen, eine gute Figur abgeben.
Aber: Gott kann nur leere Hände füllen und nur die beschenken, die mit nichts kommen. Wer ehrlich wird, der wird wie der Zöllner dastehen und sagen: „Ich hab viel Mist gebaut, hier bin ich, ich brauche deine Vergebung, einen Neuanfang. Ich brauche deinen Geist, deine Hilfe."
Ein dänischer Philosoph hat den „Mensch des Jahres" so definiert:
„Gott nötig zu haben, ist des Menschen höchste Vollkommenheit."

Methodische Hinweise/Ergänzungen
Natürlich können die „Kandidaten" für den Wettbewerb „Mensch des Jahres" auch „live" auftreten und sich persönlich vorstellen. Ein einfaches Siegertreppchen lässt sich sicher improvisieren.
Als Abschluss oder als Kontrasttext für „Bibelfeste" eignet sich auch ein Gedicht von Eugen Roth:

Salto
Ein Mensch betrachtete einst näher
die Fabel von dem Pharisäer
der Gott gedankt voll Heuchelei
dafür, daß er kein Zielverfehlung (Sünde/r) sei.
Gottlob! rief er in eitlem Sinn,
dass ich kein Pharisäer bin!

Reinhod Krebs, Quelle: Praxisbox – Evangelium für Teenager

Literaturliste für Andachtsbücher

Andachtsbücher mit fertigen Andachten zum Vorlesen:

- Helmfried Riecker: Warm-up – Geistlich und sportlich fit für den Tag, Hänssler
  An jedem Tag des Jahres hilft H. Rieckers (Leiter von „Sportler ruft Sportler") „Training", sich für den Tag aufzuwärmen. Ausgehend von einem Bibelvers und einem Begriff aus der Bandbreite des Sports und des Glaubens ermutigt er, das Christsein auch im sportlichen Alltag bewusst zu leben.

- Axel Kühner: Eine gute Minute, Überlegensgeschichten, Zuversicht für jeden Tag, Hoffen wir das Beste, Aus gutem Grund, Aussaat
  Impulse zum Leben (einprägsame Beispielgeschichten; gut geeignet zum Vorlesen)

- Ken Davis & Dave Lambert: Neuer Saft für müde Birnen – Starkstromandachten

- Adams, Nate: Frisch gepresster Birnensaft – Neue Starkstromandachten, Gerth Medien
  fetzige Andachten für Jugendliche, die im Glauben am Anfang stehen

- Werner Eizinger: Die Sprache der Dinge – Kurzmeditationen zu Alltagsgegenständen, Don Bosco
  21 Meditationen betrachten Gegenstände des Alltags, wie sie jedem begegnen und von jedem genutzt werden. Aus Gegenständen werden Symbole mit tieferem Sinn.

- Charles C. Ryrie: Zeig's mit Gegenständen, Christliche Verlagsgesellschaft
  100 Lektionen aus dem täglichen Leben

- Thomas Drumm, Markus Ocker (Hrsg.): S.M.S. - Short Message Service – 50 Kurzandachten nicht nur für den Schulalltag, Francke
  Die Andachten sind mit ihrem Bezug zum „Lebensraum Schule" für Jugendliche besonders geeignet, da sie deren Erfahrungen aufgreifen.

- John Buckeridge: Snack it (Oncken-Verlag)
  100 Appetitanreger für Gespräche in Jugendgruppen und Teenkreisen – mit biblischer Würze und Serviervorschlag

Humorvolle Vorlesebücher zum Einstieg in eine Andacht

Manches aus diesen Büchern eignet sich gut als Einstieg in eine Andacht. Es sollte aber nicht der einzige Inhalt sein, sondern als Aufhängern für eine Andacht dienen.

- Riecke, Christina: Days of Grace – Was Mädchen und junge Frauen bewegt, Brunnen
  Das Buch von Christina Riecke erzählt von Mädchen und jungen Frauen. Es erzählt davon, wie sie Gnade erleben. Welche Gefühle, Ängste, Fragen an sich, ihre Mitmenschen und an Gott stellen. „Days of Grace" ist ein Lesebuch und gleichzeitig eine Fundgrube für Mitarbeitende mit dem kompletten Konzept für sieben Themenabende, in denen klar wird, wie authentisches Christsein gelebt werden kann.

- Adrian Plass: Tagebuch eines frommen Chaoten, Brendow
  Humorvolle und tiefgründige Tagebuchaufzeichnungen, die man vorlesen und in einer Andacht gut aufnehmen kann.

- Fynn: Hallo Mister Gott, hier spricht Anna, S. Fischer
  Fynn begegnet der kleinen Anna. Diese Begegnung verändert sein ganzes Leben. Jeder der dieses Buch liest wird das gleiche wie Fynn erleben. Die Gespräche mit Mister Gott sind einfach einzigartig.

- Adrian Plass: Andromedas Briefe, Brendow
  Die Briefe der kleinen „beinkranken" Andromeda gehen ans Herz, aber auch an die Lachmuskeln. Einfach nette Briefchen zum Vorlesen.

- Arno Backhaus: Lache, und die Welt lacht mit dir. Schnarche, und du schläfst allein, Brendow

  Humorvolles, Hintergründiges und allerlei mehr Witzigkeiten (manches daraus eignet sich gut als Einstieg in eine Andacht).

Arbeitshilfen zur Verkündigung und Jugendarbeit allgemein

- Sinn gesucht – Gott erfahren; Erlebnispädagogik im christlichen Kontext, ejw-service, Aussaat

  Ein echter Geheimtipp in Sachen erlebnisorientierter Verkündigung. Das Autorenteam zeigt, wie praxisnahe Erlebnispädagogik in der Verkündigung ist. In 28 Übungen wie z. B. „Gott suchen", „von ganzem Herzen" etc. zeigen sie, wie Inhalte der Bibel erlebt und erfahren werden können. Zusätzlich gibt es jede Menge Tipps zum Auswerten und Reflektieren. Also alles Dinge, die wir in TeenDance-Gruppen auch brauchen.

- Heike Volz (Hrsg.): Zu mir, zu dir, zu Gott – Bibelarbeiten für Mädchen und alle, die neugierig aufs Leben sind, ejw-service

  Basics, Beziehungen und Herausforderungen – das sind die drei großen Überschriften über die 27 Bibelarbeiten. Es geht um das Leben, den Glauben, das Miteinander und das Warum. Die Entwürfe wurden in der Arbeit mit Mädchen entwickelt, können aber auch in anderen Bereichen der Jugend- und Gemeindearbeit eingesetzt werden.

  Der ausführliche Methodenteil ist eine praktische Unterstützung für alle, die Bibelarbeiten vorbereiten. Die Fülle von Methoden erleichtern den Zugang zum Text und die Aufbereitung für die Gruppe.

- Michael Jahnke/Patrick Depuhl: Jugendarbeit kreaktiv, Aussaat

  Grundlagen und praktische Bausteine für die Verkündigung in der Jugendarbeit

- Tobias Faix: Teeniearbeit kreaktiv, Aussaat

  Grundlagen und praktische Bausteine für die Verkündigung in der Teeniearbeit

- Hermann Brünjes: Bibelarbeiten für alle Sinne – wie die Bibel in Bewegung bringt, Aussaat

  Wi

  te ganzheitlich und mit allen Sinnen wahrnehmen und miterleben kann.

- Nick Page: Bibelblatt – der Weltbestseller in Schlagzeilen, Echter

  Bekannte Geschichten aus dem AT und NT im Stil der Boulevard-Presse – witzig, spritzig, aber nie respektlos nacherzählt und kommentiert.

Glauben leben – Wie Glaube Hände und Füße bekommt

Beteiligung spielt bei TeenDance eine zentrale Rolle.
Deshalb beziehen wir auch im geistlichen Bereich Jugendliche mit ein. Ein Beispiel: Teilt kleine Kärtchen mit Bibelversen zu einem Thema aus (z. B. über Konkordanz raussuchen). Alle können sagen, wie sie diese Verse verstehen.
Oder: Lasst die Jugendlichen Stellung beziehen/nehmen zum Text des Liedes, das ihr gerade tanzt. Wie interpretieren sie dieses Lied? Welche Alltagssituationen fallen ihnen dazu ein?

Beten

Das Gebet miteinander und füreinander kann sehr wichtig werden. Es geht nicht um Reden über Gott, sondern mit Gott. Es geht nicht um Reden über den Glauben, sondern um (praktizierten Glauben) Leben des Glaubens. Glauben leben im Gebet kann sehr unterschiedlich sein. Alles was drängt ist nicht richtig. Beten ist ein Angebot, um mit Gott zu reden. Dies sollte auf keinen Fall jemandem aufgezwungen werden. Manche Jugendliche brauchen einfach Zeit, um dieses Angebot anzunehmen und sich damit auch wohlzufühlen. Erspürt, was in eurer Gruppe dran ist und wie ihr denen Brücken bauen könnt, die sich damit schwer tun.

Jeder, der möchte kann in der Stille beten, oder in manchen Gruppen und Situationen ist eine große Gebetsrunde möglich, oder es werden Kleingruppen gebildet, etc. Eine andere Möglichkeit ist, dass alle anonym ein persönliches Gebetsanliegen auf ein Kärtchen schreiben, das dann eine andere Person mit nach Hause nimmt und bis zum nächsten Treffen immer wieder dafür betet.

Symbolische Handlungen

Hier noch einige Ideen für symbolische Handlungen, die auch Gebets-Charakter haben können. Erklärt sie so, dass die Gruppe wirklich zur Ruhe und zum Nachdenken kommen kann. Vielleicht lasst ihr eine passende ruhige Musik im Hintergrund laufen. Die Handlungen dürfen nicht magisch verstanden werden – sie sind nur äußere Hilfen und Brücken für innere Vorgänge.

- Steine (als Symbol für Belastendes, für Schuld in meinem Leben)
  vor ein Kreuz legen – oder in einem Rucksack einsammeln
  und an ein großes Kreuz hängen. Johannes 1, 29

- Ein Dank-Teelicht anzünden. Philipper 4,6

- Wer möchte, wünscht sich ein Lied und sagt in zwei Sätzen,
  was ihm dieses bedeutet. Dieses wird dann gesungen.

- In kleinen Gruppen Austausch,
  Leitende sprechen jedem unter Handauflegung einen Segen zu.

- Wer will, kann auf einem Holzkreuz sein Geburtsdatum mit Edding-Stiften vermerken, sein Leben mit dem Kreuz verbinden. Galater 2, 20

- Mülleimer aufstellen: Müll in einem Leben, in dieser Welt – auf Zettel schreiben, zerknüllen, „wegwerfen“. (Unbesehen anschließend vernichten!) Kolosser 2, 14

- Klagemauer aus Ziegelsteinen aufbauen – Gebets-Zettel mit Klagen reinschieben.

- Körbchen mit Zuspruchzetteln – Bibelversen, Verheißungen („Nimm dir eins raus...“)

- Mit Duftöl ein Kreuz auf die Stirn zeichnen - ein Wort als Zuspruch.

- Reinigung, Vergebung; Glasschale mit Wasser – Augen, Stirn, Lippen können benetzt werden. Hebräer 10, 22

Meditative Möglichkeiten

- Bibelverse als „Pilgerweg“ auslegen

- Meditation: Video ohne Ton - Sequenzen hintereinander geschnitten

- Im Freien miteinander ein Bodenbild zum Thema malen/mit Naturmaterialien legen. Oder im Raum Pflastersteine und Farbkreide auslegen oder auf einer großen Papierbahn mit Fingerfarben.

- Labyrinth auf dem Boden mit Klebestreifen nachbilden – Irrwege – Mitte

- Haus, Lebenshaus, Puppenstube – etwas hineinstellen, umstellen, aufräumen

- Durchsichtiger Stoff, Projektion von hinten, Schattenspiel

- Dias im Großformat - wandfüllend. Kann auch als Hintergrundbild stehen bleiben

- Fotos auslegen – wer will, kann zum Thema eines raussuchen und ein Stichwort oder einen Titel auf einem „Post-it-Zettel“ dazuhängen

- Meine Prioritäten: Ein Siegertreppchen als Plakat an der Wand (1., 2. und 3. Platz). Stichworte. Lebensbereiche könnten auf die Plätze gepinnt werden.

Die Pflegeanleitung für eine optimale Gruppe 4

Die Balance finden

Das Baseball-Muster – nicht auf der halben Strecke aufgeben

Eis, Wasser und Dampf –
eine Gruppe braucht verschiedene Aggregatzustände

Es darf und soll auch darüber hinausgehen

Räume sind mehr als Schäume

Beteiligen

Warm-up der andern Art

Was Süßes als Dessert

4 Die Pflegeanleitung für eine optimale Gruppe

Ein Rezept nach dem Motto: „Man nehme..." für alle, die eine Gruppe leiten? Helfen solche Rezept-Ratschläge wirklich? Und kann selbst das beste Rezept für die französische Zwiebelsuppe garantieren, dass sie tatsächlich gelingt und schmeckt?
Kein Rezept also, aber so was wie eine Pflegeanleitung. Wer seine Zimmerpflanze nie gießt und sie hinterm Schrank im Schatten aufstellt, braucht sich nicht zu wundern, wenn sie langsam eingeht. Ähnlich ist es mit einer Gruppe.

Dass alle das Gefühl haben „Wir sind ein tolles Team und ich gehöre mit dazu", ist nicht selbstverständlich. Und mit der Gemeinschaft und den „good vibrations" kann es schnell aus sein. Eine Gruppe ist eine empfindliche Pflanze. Sie braucht Pflege, Düngung, Wasser – und dafür zuständig ist, wer eine Gruppe leitet.

Hier ein paar „Gärtner-Tipps", die helfen sollen, damit eure Gruppe aufblühen kann:

Die Balance finden

Gruppen leiten ist wie Fahrrad fahren und Surfen:
Dieses Dreieck stammt aus der Jugendarbeit von St. Thomas in Sheffield.
Die Philosophie ist einfach: Eine Gruppe soll sich einerseits nach innen entwickeln, also eine gute Gemeinschaft herausbilden. Das ist die linke untere Ecke.

Entscheidend ist es, die Balance zu halten. Wer nur stur ein Programm abspult, verliert leicht die Balance. Wichtig ist zu spüren, was gerade los ist. Wo stimmt es in der Gruppe nicht? Wo müsst ihr ein Gegengewicht schaffen, damit die Balance wieder stimmt?

Up – das meint hier mehr als die klassische Andacht. Es geht um die geistliche Dimension in der Gruppe, nicht nur um einen frommen Programmpunkt. Miteinander soll die Gruppe Gottes Gegenwart entdecken und lernen, den „Liebhaber des Lebens" in ihren Alltag hineinzuholen. Vielleicht braucht es dazu eine Diskussion, die unter die Haut geht? Oder eine Form des Abendgebets mit Kerzen, Gebets-Handlungen und ruhigen Songs? Eine Fürbitte-Aktion, die die Gruppenmitglieder neu auf dieser Ebene verknüpft (alle schreiben ein Anliegen, andre nehmen es mit, nehmen es zu Herzen und ins Gebet). Ein Abend über einen Bibeltext oder über den Text des Songs, den ihr gerade in Tanz umsetzt. Bringt als Leitende eure eigene Gottesbeziehung in die Gruppe ein – ehrlich und hinterfragbar.

in – out – up

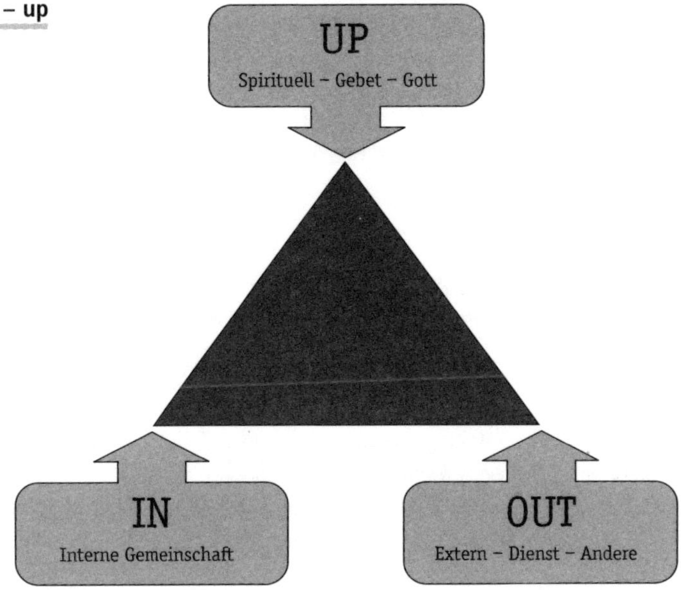

Out – das meint hier, dass es einer Gruppe gut tut, wenn sie nicht „vergruppt" und zur geschlossenen Insider-Clique wird. Wie könnten wir Neue herzlich willkommen heißen, einbeziehen? Wo können wir uns als Gruppe engagieren, anderen dienen, nach außen wirken? Das ist die out-Schiene.

In – meint: Wo steht eure Gruppe? Wenn ihr mit einem Kreuz eure Gruppe in diesem Kräftedreieck einzeichnet, wo würdet ihr dieses Kreuz setzen? Was ist bei euch gut entwickelt, was weniger? Entwickelt Strategien und Ideen, um gegenzusteuern, um die Balance zu halten.
Mehr zu in-out-up unter Kapitel 7.1 bei Leiten aus dem Hintergrund (leading from behind).

Das Baseball-Muster - nicht auf der halben Strecke aufgeben

Gruppenphase Leitungsaufgabe

1. Begeisterung
Klare Anweisungen, keine Details, klare Strukturierung, dem Ganzen Gestalt geben. Energie in der Gruppe vorhanden.

2. Ernüchterung
Energie in der Gruppe geht stark zurück. Begeistern, Ermutigen ist gefragt – in Zweiergesprächen Trost, Aufrichten, Zeit haben, viel Investieren.

3. Vertrauensbildung

Alles ist klar, die Gruppe ist scheinbar stabil, ein Stück Routine bildet sich heraus. Die Gefahr: Die Gruppe wird langweilig, ist „alt". Vertiefung tut Not: Diskussion, Offenheit, die Karten auf den Tisch legen. Und miteinander eine neue Vision entwickeln.

Die meisten Gruppen gehen in dieser Phase ein, verholzen sozusagen, weil kein neuer Trieb wächst.

4. Sendung

Gemeinsame Vision auf einer neuen, höheren Ebene. Erneutes inneres „Ja" zur Gruppe. Begeisterung. Eine neue Runde beginnt. Neue Energie ist in der Gruppe spürbar.

Ein Bild aus dem Brennball/Baseball: Die vier Phasen in der Gruppe entsprechen den vier Grundlinien. Es geht um den „home run". Es geht darum, das volle Karree zu absolvieren.

Die Gefahr des Abbruchs ist bei Phase 2-3 am größten. Hier ist Zähigkeit und Ausdauer gefragt. Die fällt leichter, wenn man sich klarmacht, dass in jeder Phase im Blick auf die Gruppenleitung was anderes gefragt ist.

in – out – up

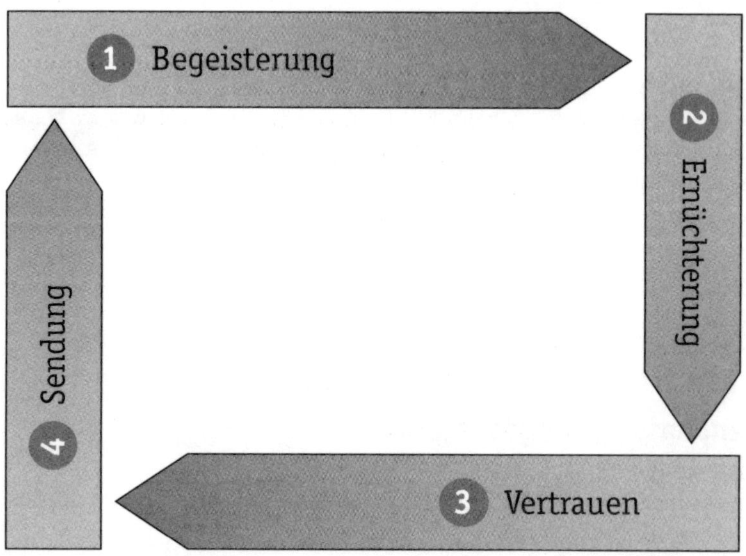

Eis, Wasser und Dampf – eine Gruppe braucht verschiedene Aggregatzustände

Eine Gruppe soll sich immer wieder anders erleben – eben nicht nur als „Wir-unter-uns-Gruppe" am Dienstagabend. Verschiedene Aggregatzustände (z. B. „Wir unter uns" – „Wir und die andern" – „Wir in der Menge" – „Wir mal ganz familiär") sollten sich immer wieder abwechseln.

Toll sind Auftritte: Da erlebt die Gruppe sich als Einheit gegenüber einem Publikum. „Wir und die andern". Ein gutes Gefühl, nicht wahr? Auftritte schaffen im Vorfeld einen Spannungsbogen. Der darf nicht zu kurz sein (sonst wird´s hektisch) und nicht zu lang (sonst reißt er ab). Plant Auftritte gut. Bietet euch an – Tanzgruppen sind gefragt. Oder ladet einfach die Eltern ein und macht selber eine Darbietung im Gemeindehaus. Aber sagt auch mal Auftritte ab, wenn sie nicht in den Rhythmus der Gruppe passen.

„Wir als Teil einer großen Gemeinschaft" – Warum nicht mit der Gruppe am Sonntagabend zu einem größeren Jugendgottesdienst fahren? Oder gemeinsam mal bei einem Popkonzert oder in der Disco abfeiern? Oder beim Gemeindefest, Stadtfest mitmischen? Sich einklinken in ein Hilfsprojekt, in eine soziale Aktion? Das ist noch mal ein anderer Aggregatzustand, wenn sich die Gruppe als Teil eines großen Ganzen erlebt.

Und dann: ganz gemütlich miteinander abhängen. Die legendäre Videonacht oder die Geburtstagsfeier. Ein Grund zum Feiern finden. Miteinander ins Kino gehen und sich noch ein Eis reinziehen. „Wir ganz familiär". Auch das tut gut.

Und wirklich ganz familiär wird es, wenn ihr gemeinsam ein Wochenende macht, deshalb:

Es darf und soll auch darüber hinausgehen

Immer nur die Übungs- und Gruppenstunde – und das war´s dann? Nein, es darf und soll auch darüber hinausgehen. Warum nicht immer wieder aus dem gewohnten Schema ausbrechen und einen Überraschungsabend ankündigen: Ein Fest im Wohnzimmer, einen Abend „Gruppe intern", einen Ausflug am kommenden Wochenende? Oder zum Auftritt einer befreundeten Gruppe fahren usw.

Alte Weisheit: Ein gemeinsames Wochenende schweißt eine Gruppe zusammen. Gemeinsam kochen, leben, lachen, streiten, beten, abwaschen, feiern und natürlich tanzen bis zum Muskelkater. Vielleicht schließt ihr euch mit einer andern Gruppe zusammen, sucht nach einer Hütte - vielleicht genügt dafür auch das Ferienhaus von jemand oder ihr übernachtet im Gemeindehaus in der Nachbargemeinde.

Räume sind mehr als Schäume

Tapetenwechsel tut einer Gruppe auch gut. Schon mal einen Abschluss in der Kirche gemacht, mit Kerzen, um den Altar sitzend? Oder ihr übt einfach im Sommer mal mit einem Ghettoblaster im Freien, in einer großen Sporthalle, Fabrikhalle oder mietet den Fitnessraum mit den großen Wandspiegeln? Es muss nicht immer am gewohnten Ort sein. Wenn die große Jahresplanung ansteht – verlegt dann die Gruppenstunde in ein Wohnzimmer oder in ein Jugendcafé.

Auch am Abend selber tut ein Raumwechsel gut. Gerade für einen geistlichen Impuls ist es gut, wenn ihr nochmals das Raumgefühl ändert. Alle sitzen auf dem Boden im Kreis. Oder ihr geht in einen andern Raum, den ihr mit ein paar Tüchern und Teelichtern verzaubert.

Beteiligen

Tipp 1: Ministerien
Warum solltet ihr alles selber machen? Richtet Ministerien ein. Jeder Teilnehmende übernimmt einen Verantwortungsbereich – evtl. auch zu zweit. Das Außenministerium ist für Werbung zuständig, das Finanzministerium verwaltet die Gruppenkasse, das Innenministerium sorgt für das gute Gruppenklima und für Verwöhnaktionen. Das Technik-Ministerium verwaltet den CD-Player, das Auftritts-Ministerium koordiniert diesen Bereich. Das Kultur-Ministerium wartet mit „Kulturprogramm"-Vorschlägen fürs Wochenende und für Aktionen außerhalb der Gruppenstunde auf. Das Geburtstags-Ministerium hat immer ein Auge auf die Geburtstagsliste und lässt sich für die Geburtstagskinder was einfallen. Das Dokumentations-Ministerium sammelt Zeitungsausschnitte, Fotos, führt den Gruppenordner, dokumentiert eventuell die Tänze oder führt sogar ein Gruppen-Tagebuch. Das Ernährungs-Ministerium verwaltet die Schoko-Kekse- und Teekiste für die gemütliche Runde nach dem Training usw. Ziel ist, dass alle Verantwortung für die ganze Gruppe übernehmen.

Nichts bleibt so an einem hängen. Man hat das Gefühl „Ich bin wichtig" und kann eine Sache besser beurteilen als alle anderen. Nehmt eure Ministerien gegenseitig ernst. Nichts ist so verletzend wie das Gefühl, dass die eigene Arbeit nicht anerkannt wird. Die Ministerien können nach sechs oder zwölf Monaten wieder wechseln.

Tipp 2: Gruppenregeln
Konflikte schaukeln sich leicht hoch zwischen Gruppenmitgliedern und den Leitenden. Da sind einige, die stören oder sich asozial verhalten, vielleicht sogar provozieren – und ihr habt dann die undankbare Rolle des „Anstands-Wauwau". Schnell bilden sich zwei Fronten: Wir als Verantwortliche – sie als Störende. Das „Wir-Gefühl" ist im Eimer.
Da hilft vielleicht ein „Gruppe intern"-Abend: Alle schreiben auf, was ihnen an der Gruppe gefällt und was nicht. Das wird dann auf große Plakate übertragen.

Schnell stellt sich heraus, dass das asoziale Verhalten (welcher Art auch immer) allen auf den Keks geht.

Legt dann gemeinsam Regeln für die Gruppe fest (wir wollen uns gegenseitig ermutigen – wir wollen offen ansprechen, was uns stört,...). Sorgt dafür, dass dieses „Grundgesetz eurer Gruppe" möglichst positiv formuliert wird und dass es keine bloße Verbotsliste ist. Bei manchen Mönchsorden wird die Ordensregel immer wieder beim Mittagessen verlesen. Überlegt, wie ihr dieses Grundgesetz immer wieder in Erinnerung rufen könnt.

Tipp 3: Alle sind kreativ

Bei TeenDance geht es nicht darum, möglichst schnell möglichst gut zu werden oder viele Auftritte zu haben. Der Prozess im Vorfeld ist viel wichtiger als das Endergebnis „Auftritt". Nicht möglichst effizient einen Tanz einzuüben ist das Ziel – sondern den kreativen Prozess davor „auszukosten". Es soll ein Milieu entstehen, in dem Gaben von allen entdeckt und gefördert werden. Jugendliche sollen in eurer Gruppe aufblühen und sich entfalten können. Leichter gesagt als getan.

Viel liegt an eurer inneren Haltung. Seid tief davon überzeugt: Jeder Mensch hat kreatives Potenzial. Der Schöpfer hat in jedes Menschenleben etwas von seiner eigenen Kreativität hineingelegt. Weckt es. Schafft durch positives Feedback Wertschätzung und eine „Du-kannst-das-Haltung". Eine Atmosphäre, in der die Einzelnen über sich hinauswachsen können.

Bezieht wo immer möglich, alle mit ein. Sei es die Grafik für das gemeinsame T-Shirt, die Entwicklung von Tanzschritten, die Musikauswahl, der Name für eure Gruppe – es gibt tausend Anlässe für kreative Prozesse im Miteinander. Alle sollen zum Zug kommen. Sprudelphasen (Brainstorming) sollten zu den Highlights in der Gruppe werden. Wählt immer wieder neue Methoden (Zettel mit Stichworten an der Wand – Großplakate am Boden – Spontantheater usw.).

Warm-up der andern Art

Ein Warm-up der andern Art sind Kommunikations-Aktionen und -Spiele. Ein Anwärmen der Seelen. Alle sollen ganz da sein. Gruppenmitglieder sollen mit denen ins Gespräch kommen, mit denen sie normalerweise nicht reden. Auch so schafft ihr Gemeinschaft.

Was Süßes als Dessert

Nach hartem Üben und allgemeinem Seufzen (Dieser Tanz ist so schwer...), solltet ihr eine Belohnung für die Gruppe einplanen. Zum Beispiel einen Tanz, den ihr früher schon getanzt habt und den alle gut können – und deshalb ein Erfolgserlebnis ist. Oder ihr singt das Lieblingslied der Gruppe. Ihr verkündet eine gute Nachricht für die Gruppe. Oder es gibt wirklich was Süßes – das Innenministerium hat sich eine Verwöhn-Aktion überlegt.

Nehmt euch einen Tipp vor, verwirklicht ihn. Geht diese Liste immer wieder mal durch. Probiert Dinge aus. Freut euch dran, wenn eure Gruppe nach und nach aufblüht.
Und last but not least: Betet für die Gruppe und die Einzelnen. Lasst euch in der Stille von Gott zeigen, was gerade dran ist.

Reinhold Krebs

Leiten aus dem Hintergrund – ein Prinzip von TeenDance

5

Leading from behind

Und wenn es mal Stress gibt in der Gruppe...

Reflektieren und Auswerten

Ein Interview mit zwei Leiterinnen einer TeenDance-Gruppe

5 Leiten aus dem Hintergrund – ein Prinzip von TeenDance

Leading from behind

Was heißt in aller Kürze „leading from behind"?
Ich motiviere Jugendliche, bringe meine Ideen ein, motiviere und moderiere, gebe der Gruppe einen Rahmen (Zeit, Ort, Zielkorridor, Material etc.). Und dann ziehe ich mich aus dem Geschehen langsam heraus. Ich bin dabei, aber nicht drin, beobachte, interveniere. Leading from behind hat diese möglichen Ziele:

Mögliche Ziele

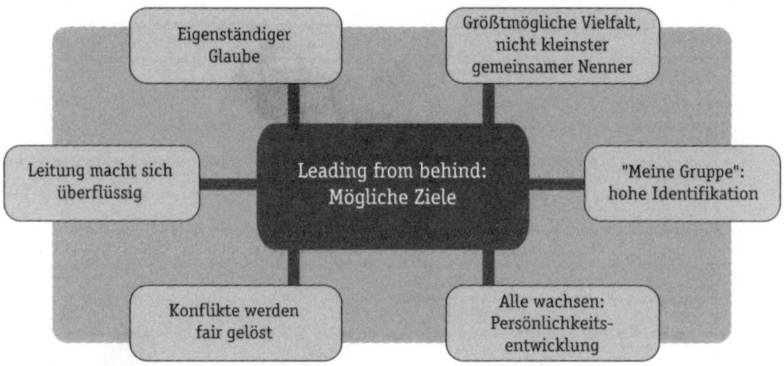

Wer sich hier ein bisschen vertiefen will, sollte die nächsten Kapitel genauer unter die Lupe nehmen.

Drei Dimensionen im Gleichgewicht halten

Jede TeenDance-Gruppe hat drei Dimensionen, in denen sie sich neben dem Tanzen entwickeln kann.
1. In: Eine Gruppe soll sich nach innen entwickeln –
Gemeinschaft, Beteiligung aller, Konflikte lösen. Miteinander weiterkommen.
2. Out: Projektorientierte Gruppe: miteinander etwas bewegen.
Gaben und Potenzial freisetzen, Frust-Blockaden überwinden helfen.
3. Up: Mit Jugendlichen die Grundfragen (Sinn, Tod, Gott) neu stellen.
Gebet und Spiritualität einüben. Als eine Entdeckungsreise in das Land des Glaubens sehen (jenseits von Vorurteilen).
Was bedeutet das nun für „Leitung"?
Wie sieht leading from behind in diesen drei „Ecken" aus?

Welche Grundhaltung nimmt leading from behind ein?

Jeder Mensch ist wertvoll. Das sollte sich in Wertschätzung äußern. Praktisch heißt das Zuhören statt Antworten geben. Zu schnell wird an Lösungen überlegt und der Gesprächspartner will einfach nur mal erzählen. Viele Probleme und Sorgen lösen sich, wenn man einfach mal erzählen kann und der Zuhörende ein paar Rückfragen stellt und nicht gleich die Lösung präsentiert. Probleme aushalten und gemeinsam überlegen, was ein nächster Schritt sein kann, wirkt oft Wunder.
Praktisch heißt das, den Jugendlichen in den Mittelpunkt stellen. Es geht nicht um das Tanzen, um die Show oder um die Gruppe und schon gar nicht darum, etwas im Gemeinderundbrief stehen zu haben unter dem Stichwort „Jugendarbeit". Es geht um den einzelnen Menschen. Wer diese Priorität lebt kann gut entscheiden, was dran ist. Vorsicht ist nur dann geboten, wenn in manchen Situationen das Zuhören vom persönlichen Mitteilungsbedürfnis Einzelner missbraucht wird.

In

Praktisch heißt das, Hierarchien einebnen. Zunächst stehen Mitarbeitende oft den Jugendlichen im Weg, weil sie immer wieder „selber machen" wollen. Wenn sie Loslassen gelernt haben, dann kann es passieren, dass sich die Jugendlichen selbst im Weg stehen - die Macher, die „Chefs" in der Gruppe... Wenn einer das Konzept in die Hand nimmt, verstummen die anderen. Deshalb ist es immer wieder wichtig, Hierarchien aufzubrechen. Wie geht das?

- Rollentausch: Jeder macht mal das, was er noch nie gemacht hat.
- Rotierende Sitzungsleitung/Aufgabenverteilung?

In

Praktisch heißt das, Konflikte als kostenloses Feedback zu sehen.
Konflikte sind Lernchancen, die wir nicht ungenützt lassen sollen. Wer selbst Gruppenerfahrung hat weiß, dass Konflikte immer Vorrang haben. Was öffentlich in unserer Gruppe passiert, wird auch öffentlich besprochen.
Was hilft Konflikte zu lösen?

- „Gruppenrunden": Was finde ich gut an unserer Gruppe? Was stört mich?
- Gemeinsam Leitlinien entwickeln – diese einklagen
- Konflikte öffentlich machen, denn Konflikte bekommen sowieso alle mit.

In

Praktisch heißt das, der Gruppe zu helfen, durch Frustphasen zu kommen. Die meisten Gruppen, die mit der Motivation Jugendlicher arbeiten, erleben die Gruppenphasen sehr intensiv. Die Frustphasen – wenn die Choreographie nicht hinhaut, alles zu schwierig wird, die Zeit davonläuft, etc. – sollten immer vom Trainer besonders wach wahrgenommen werden. Hier hilft es, an manchen Stellen der Gruppe Unterstützung anzubieten.

Out

Praktisch heißt das, Kreativität freisetzen. Wir sind vom Creator geschaffen und wir haben eigene Kreativität – jede/r. Deshalb tut es immer wieder gut, Feedback zu

geben zu dem was jeder kann. Wir helfen einander, uns weiterzuentwickeln, bindet diesen Punkt zusammen. Nur wer im Feedback erfährt was er kann, kann die blinden Flecken seiner Kreativität erkennen und leben.

Up

Praktisch heißt das, ich sehe was, was du nicht siehst. Gott hat in jedes Leben Gaben, Fähigkeiten und Persönlichkeit gehaucht. Das ist noch nicht Berufung. Berufung ist, jedem Leben seine Bestimmung, seinen Sinn zu geben. Und diese Bestimmung liegt in der Beziehung zu Gott. Wir sind als Gegenüber angelegt. Manchmal ist es einfach wichtig, nicht den Jugendlichen mit eigenen Augen zu sehen, sondern das zu sehen, was Gott sieht.
Warum nicht die Up-Zeit (Gebet, Impuls, Singen, Stille etc.) in das feste Programm integrieren?

Und wenn es mal Stress gibt in der Gruppe…

Jeder von uns kennt es wohl. Diese Situationen in der TeenDance-Gruppe, bei denen man wie der bekannte Ochse vor dem Berg steht, da man nicht weiß, was man tun soll.

Hier kommen einige Praxistipps:

In der Gruppe gibt es einige Mädchen, die sich auf ein Mädchen eingeschossen haben, um es systematisch fertig zu machen. Was tun?

Tipp

Versucht, am besten am Anfang, mit den Mädchen, ohne das eine Mädchen, das sie so fertig machen, zu reden. Versucht etwas über die Gründe herauszubekommen. In einem weiteren Schritt würde ich dann mit dem betroffenen Mädchen allein reden und danach erst ein klärendes Gespräch in der Großgruppe suchen. Manchmal ist es auch gut, erst mal eine Gruppenstunde ins Land gehen zu lassen, um zu sehen, ob sich die Mädchen in der nächsten Stunde „bekriegen". Oft ist es einfach nur eine kleine Meinungsverschiedenheit, die sich, wenn man sich einmischt, schnell hochkocht. Nicht abwarten und Tee trinken, sondern abwarten und beobachten.

Du hast ein Mädchen in deiner Gruppe, das immer und überall seinen Senf dazugeben muss und immer meint, sie sei die Beste, die Tollste und überhaupt alles kann. Sie nervt schon die ganze Gruppe, merkt es aber selbst nicht.

Tipp

Klar kannst du warten bis sich irgendwas ändert, aber vermutlich musst du dir dann eine andere Gruppe suchen, da alle anderen Mädchen nicht mehr kommen. Versuche mit dem betreffenden Mädchen in Ruhe zu reden und erkläre ihr, was dich an ihr stört. Versuche es mit ICH- Botschaften z. B.: „Ich find es ziemlich störend, dass du mir immer dazwischenredest, wenn ich etwas erkläre. Für mich ist es dann nicht leicht, euch den Schritt richtig zu zeigen." Das bringt dein Gegenüber nicht gleich in eine Abwehrhaltung und die Stimmung wird nicht so schnell aggressiv. Vielleicht gibt es einen Grund, warum sie so reagiert. Vielleicht könnt ihr gemeinsam überle-

gen, wie es anders laufen könnte. Gibt es die Möglichkeit, dass sie ab und zu das Aufwärmtraining macht oder andere kleine Aufgaben, sodass sie wahrgenommen wird, ohne sich diese Aufmerksamkeit durch ständiges Stören „verdienen zu müssen".

Schon seit längerem ist dir aufgefallen, dass ein Mädchen immer dünner wird, aber von sich selber behauptet, dass sie viel zu dick ist und noch mehr abnehmen muss. Sie isst nur sehr unregelmäßig und wenig.

Tipp

Klar es ist nicht einfach, alle Mädchen im Blick zu haben und zu sehen, wie es ihnen geht und was sie gerade durchmachen. Trotzdem ist es als Gruppenleiter deine Aufgabe die Mädchen zu begleiten, wenn dir etwas an einem Mädchen auffällt. Beispielsweise, dass sie immer dünner wird, dass sie Verletzungen am Arm hat, dass sie immer blaue Flecken hat. Dann solltest du das Mädchen genau beobachten und dir professionelle Hilfe holen. Erkundige dich über Beratungsstellen, die sich mit solchen Themen auskennen. (Tipp: Der Mädchengesundheitsladen in Stuttgart ist eine gute Adresse). Frag dort nach, wie du dich verhalten sollst und was du machen kannst. Oft ist es auch hilfreich die anderen Mädchen mal zu fragen, wie das betroffene Mädchen denn in der Schule so ist. Wenn ein Mädchen wirklich Probleme hat, dann versuche sie zu begleiten. Mach ihr klar, dass du zu ihr hältst und ihr helfen willst, sie aber auch professionelle Hilfe braucht. Stelle den Kontakt her.

Und jetzt für eilige Leser das Ganze noch mal kurz und knapp:
Jede Störung hat eine Ursache. Versuche herauszubekommen, warum das Mädchen oder auch der Junge stört. Suche das Einzelgespräch, denn meistens wollen „Störer" Anerkennung oder haben ein anderes Problem, das sie in der Großgruppe nie zugeben würden. Vielleicht schaffst du es im Zweiergespräch und ihr könnt gemeinsam nach Lösungswegen suchen.
Versuche in einem Gespräch immer Ich-Botschaften zu senden. D. h. erkläre deinem Gegenüber was dich stört und greife ihn nicht an. Beispiel: „Mich stört es, dass du immer zu spät kommst." Das klingt nicht so hart wie: „Du kommst immer zu spät". Bei der zweiten Aussage wird dein Gesprächspartner sofort in eine Verteidigungsrolle hineingedrückt und das ist keine gute Grundlage für ein Gespräch.
Wenn ein Mädchen oder auch ein Junge ein ernsthaftes Problem hat, dann versuche nicht allein zu helfen. Es gibt Profis in Beratungsstellen, die es gelernt haben, Menschen zu helfen. Nimm ihre Hilfe an. Schiebe aber bitte den Jugendlichen nicht ab, sondern kümmere dich weiter um ihn, begleite ihn. Das kostet Zeit und Nerven, aber der Jugendliche wird es dir irgendwann einmal danken.
Wenn du von Anfang an ein gutes Klima zu „deinen" TeenDancern hast, dann werden viele Probleme im Keim erstickt, da die Gruppenmitglieder den Mut haben, in der Großgruppe etwas anzusprechen. Versuche gleich zu Beginn, mit erlebnispädagogischen Spielen, kleinen Aktionen etc. das Wir-Gefühl in der Gruppe zu stärken, denn umso stärker die Gruppe ist, um so besser kann sie mit Schwierigkeiten und Problemen umgehen.
Last but not least: Bitte Gott im Gebet um die richtigen Worte, Taten und Gesten im Umgang mit deinen Teens. Er kennt sie und weiß, wie es um sie steht.

Reflektieren und Auswerten

Feedback geben und bekommen ist immer eine heikle Sache. Man sollte immer darauf achten, wie man ein Feedback formuliert und auch darauf, ob mein Gegenüber gerade in der Lage ist, Feedback zu bekommen. Man sollte deswegen eine geeignete Situation abwarten, oder sein Gegenüber fragen, ob er für ein Feedback bereit ist. Da es uns (zumindest den meisten von uns) schwer fällt in Worte zu fassen, was wir dem anderen gerne mitteilen würden – sind hier zwei Beispiele, die das Feedback geben erleichtern sollen:

Ein Beispiel: Die „Rück(en)meldung":
Alle Anwesenden bekommen einen Zettel auf den Rücken geklebt. Auf diesem kann folgender Satz stehen:

„Liebe/r __________
Ich möchte dir gerne folgende
Rück(en)meldung geben:

Man gibt der Gruppe etwas Zeit (ca. 10 Minuten) und jeder darf dem anderen eine Rück(en)meldung geben – ganz ungezwungen und anonym (fast zumindest). Man kann davor der Feedback-Runde auch ein bestimmtes Thema geben, oder sogar in eine Andacht mit einbeziehen.

Zweites Beispiel: Die „Schüssel-Methode"
Man benötigt eine große Schüssel voll mit Wasser, zwei kleinere Schüsseln (am besten gleich große) und einen Schöpflöffel. Die große Schüssel mit dem Wasser stellt man in die Mitte und die beiden kleineren jeweils links bzw. rechts davon. Wenn jemand zum Thema etwas zu sagen hat (sie auswerten bzw. reflektieren möchte) nimmt er sich den Schöpflöffel und schöpft aus der großen Schüssel (entweder viel oder wenig – je nachdem) Wasser. Ist das Feedback negativ, schüttet er das Wasser in die entsprechend gekennzeichnete Schüssel – ist es positiv, dann entsprechend in die andere. Am Ende (nach ca. 10-15 Minuten) kann sehr deutlich festgestellt werden, ob die Stimmung bezüglich des Themas eher positiv oder negativ ist.

Drittes Beispiel: Brief schreiben
Dieses Beispiel ist zeitaufwändig aber umso intensiver und eignet sich für das Jahresende oder Schuljahresende oder für das Projektende z. B. die Gruppenstunde nach einem Auftritt. Für jeden Mitarbeitenden wie Teilnehmenden wird eine A5-Seite gestaltet mit dem Namen und den drei angefangenen Sätzen:
Ich schätze an dir...
Zeig mehr von...
Ich wünsche mir von dir...
Diese individuellen Seiten werden dann für jedes Gruppenmitglied kopiert. Jedes Gruppenmitglied gestaltet für den jeweils anderen somit eine Seite mit seinem Feedback zu den drei angefangenen Sätzen.

Ein Interview mit zwei Leiterinnen einer TeenDance-Gruppe

Ihr leitet eine Tanzgruppe. Warum habt ihr keine „normale“ Mädchengruppe gestartet?

„ Für uns gab es nie eine Alternative, weil wir selber gern tanzen. Und durch Musik, vor allem ihre eigene Musik, kann man Jugendliche gut in eine Gruppe hineinbringen. Außerdem braucht man sich nicht jede Woche ein neues Programm zu überlegen. Wenn wir uns für einen Song und einen Tanz entschieden haben, kann man damit eine Weile arbeiten.“

Welche Tipps könnt ihr für den Start einer Tanzgruppe geben?

„Es hilft auf jeden Fall, wenn man zu zweit (oder zu mehreren) eine Tanzgruppe leitet. Man sollte davor auf einem TeenDance-Seminar gewesen sein. Das haben wir gemacht, da bekommt man einige Tipps und kann dort neue Tänze lernen oder entwickeln.“

Wie sieht bei euch ein idealer Abend aus?

„Bei uns gibt es am Anfang oft eine offene Gesprächsrunde, wo wir uns austauschen oder einfach ein bisschen plaudern und labern. Bevor wir dann mit dem richtigen Tanzen anfangen, wärmen wir uns auf. Hier kann auch die Musik der Jugendlichen gut eingesetzt werden. Wir machen Stretching und lockern uns. Dabei ist es praktisch, wenn man in diese Phase schon ein paar Elemente des Tanzes, den man den Teenies beibringen will, einbaut.

Wenn wir einen Tanz neu einstudieren, dann gehen wir auch öfters den Text durch, übersetzen ihn, damit ihn auch alle verstehen. Wir versuchen, ihnen den Tanz strukturiert beizubringen. Wir fangen zum Beispiel auch oft mit dem Refrain an, weil sie so schneller Fortschritte sehen und motiviert bleiben.

Um anderen einen Tanz beizubringen ist es praktisch, wenn man eine Spiegelwand hat. Dann sehen alle gut die Bewegungen und man muss nicht alles spiegelverkehrt vormachen.

Nach dem Tanzen sollte man eigentlich noch ein Cool Down machen, einfach noch ein bisschen dehnen und auflockern. Am Ende kommen wir noch mal in einem Kreis zusammen und singen. Wenn einer von uns eine Andacht vorbereitet hat, gibt´s auch eine Andacht. Wir beten oder besprechen einfach noch ein paar organisatorische Dinge.“

Entwickelt ihr gemeinsam mit euren Teilnehmenden die Tänze?

„Also im Prinzip ist es schon gut, sie möglichst dabei einzubeziehen. Es kommt halt sehr auf die Teilnehmenden an, auf ihr Alter, ob sie noch sehr schüchtern sind, ob sie sich auch trauen etwas vorzumachen und auf ihre Erfahrung. Am Anfang sollte man sie auf jeden Fall nicht überfordern. Sie können sich auf kleine Teile des Songs Bewegungen überlegen.“

Was für einen äußeren Rahmen braucht man für eine Tanzgruppe?

„Natürlich braucht man einen Raum, der groß genug ist - entsprechend der Gruppe. Praktisch ist, wenn man einen eigenen Raum hat, wo man z. B. eine Spiegelwand aufhängen kann. Wir haben eine Spiegelwand, die aus Spiegeltüren eines alten Schlafzimmerschrankes besteht, die uns jemand an die Wand gedübelt hat – eine kostenlose Spiegelwand. Außerdem braucht man eine Anlage, mit der man die CDs abspielen kann.

Wenn man in der Tanzgruppe zusammen singen möchte, braucht man jemanden, der Gitarre oder ein anderes Instrument zum Begleiten spielen kann und entsprechende Liederbücher."

Was waren eure Highlights letztes Jahr?

„Die wichtigsten Highlights waren unsere Auftritte beim Mädchenaktionstag, beim Jugendgottesdienst im Ort, beim 11-Uhr-Gottesdienst (ein alternativer Gottesdienst) und unser Auftritt beim TeenDance-Festival in Stuttgart. Außerdem hatten wir ein paar kleine Feiern nach den Auftritten und eine Weihnachtsfeier."

Wie kommt ihr an passende Musik ran? Was muss ein Song mitbringen, damit man darauf tanzen kann?

„Also die Musik, auf die wir tanzen, die hören wir zum Teil selber gern. In christlichen Buchhandlungen kriegt man christliche CDs. Wir entwickeln auch nicht alle Tänze selber, sondern übernehmen sie z. T. auch – von Seminaren und so. Bei den Tänzen, die wir selber ausgearbeitet haben, haben uns einfach die Lieder gefallen und die hatten einen eingängigen Rhythmus. Manchmal holen wir uns auch Ideen von irgendwelchen Videos."

Anne Runkel (18) und Annelie Krebs (17), Herrenberg

Praxistipps

6

Geeignete Musik finden

Tänze entwickeln und einstudieren mit einer Gruppe

Nachgestalten – Umgestalten – Neugestalten

Grundsätze für Choreographien

Aufbau

Tänze dokumentieren

Raum, Technik, Outfit & Requisiten

Performance

Der erste Auftritt

6 Praxistipps

Geeignete Musik finden

Konzeption & Liedauswahl

Zunächst ist es wichtig, dass jeder aus der Gruppe in der Phase des Suchens nach geeigneter Musik eigene Liedvorschläge einbringt. Dadurch wird gewährleistet, dass alle mit einbezogen werden und sich hinterher keiner „überfahren" fühlt.
Als nächstes stellt sich die Frage, ob ihr mit eurem Tanz einen gewissen Inhalt darstellen wollt, oder ob ihr einfach ein grooviges Lied sucht. Demnach fallen dann schon wieder einige Songs aus der Auswahl heraus.
Aus den Charts: Gibt es Songs, die sowohl zum Tanzen geeignet sind, als auch eine Message transportieren, die ihr unterstützen könnt/wollt?
Christliche Songs: Findet ihr da etwas Passendes, mit dem ihr was anfangen könnt.
Schön ist zu sehen, dass sich auch in Deutschland mehr und mehr die christliche Szene in die säkulare einloggt. Diese Schnittmenge ist besonders geeignet.
Denn das sind oft die Songs, die inhaltlich eine Menge zu bieten haben, angesagt und unter den Jugendlichen bekannt sind.
Die umfangreichste Quelle und zur Recherche hilfreich ist das Internet.
Dort findet ihr jede Menge Informationen über Songs und Künstler. Einige Songs sind gegen ein kleines Entgeld zum Download freigestellt. Hier müsst ihr allerdings aufpassen, manches davon ist auch illegal.
Im Anhang dieses Buches sind einige Links zusammengestellt, die bei der Suche behilflich sein können. Seite 140
Aber ihr könntet nach eurer erfolgreichen Suche auch in den Plattenladen gehen und die CD kaufen. Solch eine Anschaffung kann ja auch die Gruppenkasse übernehmen.

Hier sind einige christliche Acts aufgelistet, dem Alphabet nach geordnet, die sich ebenso zum Tanzen eignen und euch vielleicht eine kleine Starthilfe sein können:

- Kirk Franklin: Hat coole Effekte und kreative Intros zu verschiedenen Themen. Stil: Hip-Hop/Blackmusic
- Raze. Stil: Dancefloor
- Normal Generation?: Haben ihren Stil mit der Zeit ziemlich verändert. Stil: Von Dancefloor bis Pop/Rock
- WWMT, jetzt nur noch: „the Tribe": Haben auch gute Lieder, aber oft sind sie einfach zu schnell (und manchmal auch zu langsam). Die CD „Chill out" ist nicht schlecht. Stil: Dancefloor/Hip-Hop

- Venna: Ist wirklich richtig klasse. Haben gute Lieder, und geistreiche Texte. Stil: Dancefloor
- MaryMary: Ihr Hit „shakles“ ist einfach nur genial. Stil: R’n’B
- DC Talk: Kennt ihr ja bestimmt: sehr verschiedene Musikrichtungen und Texte zum Nachdenken. Stil: Von Hip-Hop bis Rock
- On a mission: Deutsche Band, coole Themen in den Texten verarbeitet. Stil: Rock
- W4C: Hip-Hop - auch wenn’s nicht alle mögen, viele Jugendliche fahren voll drauf ab
- WOW: Auf diesen Doppel-CDs ist jedes Jahr ein Querschnitt der besten christlichen Songs drauf – ähnlich wie die christlichen „Bravo - Hits“.

Dies sind nur ein paar wenige Gruppen, die es auf dem „Christlichen Markt“ gibt. Es gibt noch viele andere gute Bands, die zum Tanzen genauso gut geeignet sind.
Die Suche lohnt sich auf jeden Fall.
Als kleiner Tipp: Es gibt auch die Möglichkeit verschiedene Songs zu einer Show zusammen zu basteln. Das ist zwar aufwändig, aber es lohnt sich.
Dann könnt ihr euch sicher sein, dass bestimmt kein zweiter auf dieses Lied einen Tanz hat. Und eine Show macht einfach Spaß.
Falls ihr damit aber bei einem TeenDance-Festival, Wettbewerb o.ä. teilnehmen wollt, informiert euch vorher, ob das zugelassen ist. Manchmal gelten da bestimmte Regelungen.

Liedauswahl

Wie oben schon angedeutet, ist es nicht immer damit getan, sich einfach so ein Lied auszuwählen, das gut gefällt.
Stellt euch folgende Fragen, bevor ihr das Lied festlegt:
Können wir jetzt schon sagen, wo wir den Tanz aufführen wollen?
Ist es für eine bestimmte Veranstaltung gedacht? Wie ist das Thema?
Welche Zielgruppe wollen wir ansprechen?
Ist ein Lied, das jetzt superaktuell ist auch dann noch gefragt, wenn unser Tanz bühnenreif ist? Oder gehört es dann schon zum „alten Eisen“?
Was beschäftigt mich? Was findet die Gruppe gut?

Die Liedauswahl hängt stark von der Konzeption ab. Denn wenn ein Inhalt vermittelt werden soll, kann dieser durch die Stimmung und den Text eines geeigneten Liedes verdeutlicht oder zumindest hervorgehoben werden.

Prinzipiell kann man Tänze in zwei Kategorien einteilen:
„Just for fun“ - dem rhythmischen Spiel mit der Bewegung
Das ist eine Form des absoluten Tanzes und ist bildfrei.
„Get the message“ - dem Aussagen-Wollen durch die Bewegung
Dies dagegen ist eine Form des darstellenden Tanzes und sehr bildhaft. Die Bewegung kann hier sehr stark mit Mimik und Gestik gekoppelt sein.
Darüber hinaus müssen der Musikstil und die Geschwindigkeit des Liedes natürlich auch dem Tanzstil gerecht werden.

Nach Möglichkeit sollte das Lied einen guten Anfang und einen guten Schluss haben. Bei guter Gestaltung garantiert dies das „Hängenbleiben“ beim Publikum und das Ganze ist eine runde Sache. Schwierig sind immer die Songs, die am Schluss ein „fade out“ haben. Da ist es schwer, dem Tanz ein richtiges Ende zu geben. Das Lied bleibt in der Luft hängen.

Die meisten Lieder gehen einem irgendwann auf die Nerven, wenn man sie oft anhört. Wenn das bei eurem Favorit allerdings schon nach der ersten Probe der Fall sein sollte, ist das natürlich denkbar ungünstig...
Hört euch die Songs gemeinsam an. Am Schluss solltet ihr euch auf ein oder zwei Lieder einigen. In der Regel kristallisiert sich ziemlich schnell heraus, welche sich eignen und welche nicht.
Und noch mehr Tipps für die Auswahl:

- die Musik sollte Spaß machen und motivieren
- sie soll die Bewegungen unterstützen und keine bloße Geräuschkulisse sein
- das Lied sollte rhythmisch und dynamisch vielfältig sein
- es sollte Möglichkeit zur Gliederung geben
- es muss der Gruppe und dem Tanzstil entsprechen

Tänze entwickeln und einstudieren mit einer Gruppe

Liedanalyse

Um einen Tanz auf ein bestimmtes Lied erarbeiten zu können, muss das Lied zuerst in seiner Struktur erfasst werden. Dabei kann man folgendermaßen vorgehen:
Grobstruktur festlegen
Ein Lied kann man in seine Bestandteile zerlegen. Die bestehen meistens aus Anfang, Ende, Refrain, Strophen und Bridge. Manchmal gibt es auch noch musikalische Zwischenteile, Vor-Refrains, Pausen o.ä. Die Bezeichnung der einzelnen Elemente bleibt euch überlassen.
Der Anfang und das Ende heben sich meistens vom Rhythmus ab oder besitzen gar keinen. Es handelt sich auch oft nur um einzelne Schläge, die es gut umzusetzen gilt. Mit dieser Gliederung erhält man eine gute Übersicht über den Aufbau des gesamten Liedes und auch die Anzahl der Strophen und Refrains lässt sich klar erkennen.

Lied durchzählen
Hier ist es hilfreich, das Lied in 8-er Takte oder Phasen zu gliedern.
Ein 8-er Takt soll in diesem Zusammenhang eine Musiksequenz von 8 Schlägen sein. Achtung, in manchen Songs sind Pausen eingebaut, in denen man nicht einfach weiterzählen kann, sondern der Grundschlag erst verzögert wieder einsetzt.

Feinstruktur festlegen
Zur Feinstruktur gehören musikalische Besonderheiten wie Klangeffekte, Rhythmuswechsel, Ruhephasen ohne „beat“, Höhepunkte, besonders hervorgehobene Schläge in der Musik usw.

Zeit festhalten
Schreibt euch zu den charakteristischen Stellen (wie z. B. die verschiedenen Strophen, Refrains ...) die jeweiligen Sekundenangaben dazu. Damit vermeidet ihr allzu langes Suchen beim gezielten Üben.

Nun liegt eine ausreichend detaillierte Liedanalyse vor.
Mit dieser Grundlage kann ein Tanz systematisch und ohne ständiges Zurückspulen und Wiederanhören entwickelt werden.

Praktische Umsetzung

Zunächst kann man mit einem Brainstorming in der Gruppe beginnen. Lasst dazu die ausgesuchte Musik einspielen und gebt ein paar Minuten Zeit.
Es können dabei schon verschiedene Schritte ausprobiert und Ideen für einen Tanz gesammelt werden. Je nachdem: entweder allein, in Kleingruppen oder spontan in der gesamten Gruppe.

Den Text anzusehen, ihn zu übersetzen und auszudiskutieren, hilft bei der Analyse der Message. Aber nicht nur deswegen lohnt es sich, den Text genauer unter die Lupe zu nehmen. Viele Jugendlichen geben zwar vor, die Aussage zu verstehen, in Wirklichkeit ist es aber häufig doch nicht der Fall. Danach können Leitmotive überlegt werden, die der Message entsprechen.

Ein einfaches Beispiel:
Die Leitmotive bei dem Lied „Shackles“ von Mary Mary sind eindeutig „Fesseln/Ketten“. Daraus folgt das Thema Gefangenschaft bzw. Freiheit und wie man sie erlangen kann. Nun gilt es, dies im Tanz umzusetzen.
Ein weiteres Beispiel:
Manchmal enthält das Lied nicht nur einzelne Leitmotive, sondern ein ganzes, umfassendes Thema, wie zum Beispiel „Gewalt“. Das Thema könnte so erarbeitet werden:
Stichworte zum Thema suchen – z. B. Konkurrenz, Schlägerei, Schmerzen ...
Und dann diese in Bewegungen fassen – z. B. Fäuste, Kicks, Hektik, Position: Gegeneinander ...
Am Ende tragt ihr alle Vorschläge zusammen und versucht diese umzusetzen.
Der Leitende sollte ein grobes Grundkonzept in petto haben.
Man könnte beispielsweise eine Figur vorgeben, die weiterentwickelt wird. Falls von der Gruppe wenig Ideen kommen, kann/sollte der Leitende noch mehr vorgeben. Das hält die Frustrationsgrenze niedrig.

Nun beginnt der Entscheidungsprozess:
Bewegungen vorstellen, vortanzen, aber auch vormachen lassen. Dann ausdiskutieren.
Je größer die Gruppe ist, desto mehr muss der Leitende den Prozess steuern.
Ihr könnt auch am Text des Liedes entlang gehen, um daraus neue Ideen und Schritte zu bekommen. Sich am Text entlang zu hangeln, ist besonders dann sinnvoll, wenn für die Umsetzung und Ausführung des Liedes noch Schritte fehlen, die den

Kontext des Songs widerspiegeln sollen. Bei Tänzen, die das Ziel verfolgen den Text darzustellen, ist das natürlich „Pflicht“.
Beginnt an der Stelle des Songs, zu der ihr sofort kreative Gedanken habt, oder von der ihr denkt, dass sie euch leicht fällt.
An dieser Stelle folgen einige Vorschläge wie ihr auch vorgehen könnt.

Refrain entwickeln

Wenn ihr euch für einen Tanz entschieden habt, der den Inhalt darstellen soll, bietet es sich an, das Leitmotiv im Refrain einzubauen und dieses in jedem Refrain zu wiederholen, so dass es sich durch den kompletten Tanz hindurchzieht.
Aber auch sonst ist es gut, den Refrain immer wieder zu wiederholen. Das prägt sich bei den Leuten ein. Und diesen „Wiedererkennungseffekt“ braucht das Publikum.

Musikalische Besonderheiten umsetzen

Es geht darum, Taktwechsel, Wechsel zwischen laut und leise wahrzunehmen und Songs auf Effekte hin abzuhören.
Bei bestimmten Effekten in der Musik kommt es manchmal zu spontanen Bewegungsideen, die zum Effekt passen. Achtet darauf, diese Besonderheiten, wie z. B. einzelne Schläge oder auffällige Liedpassagen früh umzusetzen, da diese Stellen sonst häufig von anderen, vorher geplanten Bewegungsabläufen belegt werden.

Highlights umsetzen

Hier wäre zum Beispiel Platz für Boden-/Akrobatikelemente oder Ähnliches.

Anfang und Ende umsetzen

Der Anfang und das Ende eines Tanzes bleiben dem Zuschauer gut im Gedächtnis. Deshalb sollte auf einen guten Anfang und viel mehr noch auf ein gutes Ende Wert gelegt werden. Es besteht zum Beispiel die Möglichkeit, eine andere Musik als Intro an den Anfang zu mischen.
(z. B. Intros von Normal Generation?, Kirk Franklin, ...)
Aber auch Liedanfänge von anderen Liedern eignen sich dazu.
Dabei muss man aber auf die Übergänge achten, damit es nicht zu abgehackt klingt. Computer-Programme, die dies ermöglichen, gibt es zu kaufen. Oder ihr fragt mal in eurem Bekanntenkreis nach.

Erarbeitung der Strophen

Wichtig ist in jedem Fall die Einteilung der Bewegungen in 4-er oder 8-er Phasen und das Ausnutzen des ganzen Raumes (durch verschiedene Raumwege). Wenn ihr nicht genau auf Text tanzt in der Strophe, bedenkt auch hier, dass ihr die Bewegungsabläufe bei jeder weiteren Strophe wiederholen könnt.
Ihr spart euch nicht nur Arbeitszeit, sondern der Zuschauer kann euren Tanz besser verstehen.
Macht euch keine Sorgen, dass es zu langweilig wird. Im Normalfall gibt es nicht mehr als 2-3 Strophen in einem Song, und das ist mit Sicherheit noch nicht zu oft wiederholt.

Wie kann die Kreativität der Gruppe gefördert werden?

Kreativ sein bedeutet? (Thiesen 1985)
„Eigene schöpferische Initiative entwickeln!“
Voraussetzung dafür ist das Aufgeben alter Denkgewohnheiten und Sichtweisen.

Kreativität ist
eine bestimmte Art und Weise zu denken, sich zu verhalten und zu handeln;
die Fähigkeit eines Menschen, Denkergebnisse (oder Bewegungsergebnisse) hervorzubringen, die im Wesentlichen neu sind und demjenigen, der sie hervorgebracht hat, vorher unbekannt waren;
eine Tätigkeit, die absichtlich und zielgerichtet ist. Obwohl das hervorgebrachte Produkt nicht unmittelbar praktisch anwendbar, nicht perfekt oder vollendet sein muss.

Förderung der Kreativität
Formen und Materialien, die die Phantasie anregen
Anregung zur Eigenaktivität
eine angenehme Gruppenatmosphäre
Förderung der Individualität und Toleranz

Blockierung der Kreativität
zu hohe Erwartungen, zu hoch angesetzte Ziele und Aufgaben
festgefahrene Vorstellungen des Leitenden
zu viel Routine und monotone Wiederholungen
Konkurrenzdenken und Rivalität
ständiges Überlegen, was für andere akzeptabel ist
Scheu vor Kritik

Was verhilft sonst noch zu neuen Ideen?
professioneller Unterricht
einzelne Kurse, Seminare und Workshops
Viel Viva und MTV schauen
Hausaufgabe: Schritte zu Hause ausdenken lassen
Andere Tanzgruppen
Homepages
mal einen „Profi“ einladen
in der Disco Tanzstile wahrnehmen, Veränderungen beobachten und versuchen, es auf euren Tanzstil umzusetzen.
Eine weitere Möglichkeit wäre auch, überall, wo es nur geht, Ideen zu klauen. Auch z. B. von Pantomimen. Wichtig ist hierbei, dass ihr euch diese Ideen aneignet und nicht nur kopiert.

Tänze einstudieren

Tipps zum Üben

- Wenn ihr eine Videoaufnahme von euren eigenen Tänzen zur Hand habt, seht sie euch genau an – das hilft Fehler zu beheben. Wenn nicht: Videokamera mitbringen und dies möglichst nachholen.
- Spiegelwand (z. B. alte Schlafzimmertüren an der Kellerwand) - aber nur gut zur Kontrolle. Sonst verliert man durch die Spiegel das Raumgefühl. Deshalb: Immer wieder die Richtung wechseln.
- Jede Bewegung einzeln ausführen und dann schauen, ob sie alle genau gleich machen. Mit „einzeln" ausführen ist auch wirklich einzeln gemeint. Hier geht es nicht um ganze Sequenzen. Sehr häufig schleichen sich Detailfehler ein (z. B. der eine hält die Hand mehr nach vorn gedreht als der andere, bei einem ist der Kopf zu schräg ...).
  Dadurch können viele kleine Fehler korrigiert werden. Das dauert sehr lange und ist anstrengend. Lohnt sich aber, wenn ihr einen Tanz oft aufführen wollt. Es zeigt eine gewisse Professionalität.
- Beobachtet euch gegenseitig und korrigiert einander. Aber bitte nicht wie der Elefant im Porzellanladen. Einfühlungsvermögen ist gefragt.
- Klebebänder zur Orientierung auf den Boden kleben (auch später bei den Aufführungen):
  1) für die Ausgangsstellung,
  2) für wichtige Aufstellungen zwischendurch.
     Bei erhöhter Bühne sehen das die Zuschauer nicht.

Choreographie

Tanzkompositionen sind kein Geschenk des Himmels, sondern sie müssen hart erarbeitet werden. Machen aber auch genauso viel Spaß.
Macht euch bewusst, dass es nicht nur darauf ankommt, dass ihr gut tanzen könnt, sondern vor allem, was ihr tanzt. Die Choreographie ist der entscheidende Punkt.
In diesem Kapitel findet ihr einige praktische Tipps, aber auch tanztheoretische Grundlagen. Sucht euch das für euch Wichtige aus und arbeitet damit.

Hier ein paar Hip-Hop-Grundschritte
(die Beschreibungen beziehen sich auf die Beine):
Step touch: rechts seit– links ran – links seit – rechts ran
V-Step: öffnen: rechts schräg vor – links schräg vor,
schließen: rechts zurück – links zurück
Kreuzschritt: rechts seit – links hinten (über Kreuz) – rechts seit – links ran, links seit – rechts hinten – links seit – rechts ran
Vor-Zurück: 4 Schritte vor (rechts beginnt), 4 Schritte zurück
Grunddrehung: rechts seit – mit links nach vorne drehen (180°) – mit rechts weiter drehen (180°) – links ran, links seit – mit rechts nach vorne drehen (180°) – mit links weiter drehen (180°) – rechts ran

Nachgestalten – Umgestalten - Neugestalten

Das Endprodukt Choreographie kann verschiedenen Quellen entspringen (vgl. Meusel/Wieser: Handbuch Bewegungsgestaltung):

Nachgestalten
Hier ist das Gestalten als reproduktive Tätigkeit gemeint. Das passiert über den Weg der Imitation und dem Nachvollziehen vorgegebener Bewegungsabläufe (z. B. durch Trainer).

- Erlernen von Bewegungsformen und -folgen
- Üben und Festigen

Umgestalten

- Gestalten als reproduktive und produktive Tätigkeit. Das bisher Erlernte wird variiert und weiterentwickelt.

Neugestalten
Gestalten als rein produktive Tätigkeit über den Weg des kreativen Umgangs mit Bewegung.

- Finden und Festhalten
- Reflektieren und Auswählen

Grundsätze für Choreographien

- Jede Aktion muss für sich klar und deutlich sein.
- Den Tanz nicht überhäufen. Macht kleine Pausen zwischendurch.
- Wiederholungen sind für den Zuschauer wichtig.
- Passendes Outfit: verstärkt den Ausdruck des Liedes.
- Bedenkt bei Bodenelementen, dass diese je nach Höhe der Bühne vom Publikum nicht gesehen werden können.
- Viele Bewegungen mit Armeinsatz.

Nun sind hier noch einige Gestaltungskriterien aufgeführt. Die sollen euch helfen, noch bewusster wahrzunehmen, welche Möglichkeiten ihr in eurer Choreographie ausschöpfen könnt. Sie betreffen Einzel-, Partner- und Gruppenchoreographien.

Gestaltungskriterien

Zeitliche Komponente

- gleiche/verschiedene Tempi
- (un)regelmäßig wiederkehrende Schwerpunkte
- Wechsel von Stillstand und Bewegung
- gleiche/verschiedene Längen von Abläufen
- Gleichzeitigkeit/Nacheinander von Bewegungsabläufen

Dynamische Komponente
- punktuelle/kontinuierliche Intensitätssteigerung
- Höhe- und Ruhepunkte
- Bewegungsfluss oder Bewegungsstopp

Räumliche Komponente
- unterschiedliche Raumdimensionen (Höhe, Tiefe, Weite) oder Bewegung am Ort

Raumlinien
- vertikale Linie (Höhe)
- horizontale Linie (Breite bzw. Tiefe)
- diagonale Linien

Bewegungsrichtungen
z. B.: hoch – tief – rechts – links – vor – zurück – abwärts – aufwärts

Raum- und Bewegungsebenen
- Bewegungsausmaß: weit, eng, schmal, groß, klein usw.
- unterschiedliche Gruppierungsformen, Zusammenballungen
- verschiedene Abstände und Ausrichtungen

Aufbau

Der Aufbau ist größtenteils natürlich von der Musik abhängig.
Folgende Überlegungen können euch aber helfen, ihn noch klarer zu strukturieren. Oder sie bringen euch auf neue Ideen.

Zum Aufbau kann gehören
- das Leitmotiv
- das Wiederaufgreifen von schon vorgekommenen Motiven
  unverändert als Wiederholung, oder mit kleinen Veränderungen wie Verkürzung, Umkehrung, Umrhythmisierung, Ergänzung ...
- Kontrastierung eines Motivs durch ein zweites oder drittes Gegenthema oder durch ein Ostinato (ein Ostinato ist ein gleichbleibendes, durchgängiges, meist sehr einfaches Hintergrundmotiv).

Je mehr Tänzer ihr seid, umso mehr Möglichkeiten habt ihr natürlich für die Aufstellungen. Seid da kreativ, ihr könnt alles ausprobieren (Halbkreis, Dreieck, Reihen, Gruppen etc.)

Wirkung auf die Zuschauenden
- Symmetrie: Symmetrische Formen vermitteln Stabilität, Sicherheit und Gleichgewicht. Wenn ein Tanz allerdings nur symmetrisch aufgebaut ist, wird er schnell langweilig und monoton.

- Asymmetrie: Sie wirkt belebend. Der Ausgang ist für den Zuschauenden offen und spannend. Bewegungen müssen asymmetrisch sein, wenn es um den Ausdruck von Konflikten geht.
- Richtungen: Die wirkungsvollste Ausstrahlung hat die Richtung „geradeaus". Danach folgen Diagonal- und Seitenrichtungen und der Kreis. Der Kreis kann interessant sein, wenn die Aufmerksamkeit sich auf das Gesamtbild beziehen soll. Bewegungen einzelner Tänzer werden eher verschluckt.
- Bühnenraum: Die Bühnenmitte hat die größte Wirkung. Vorne an der Rampe lässt sich nichts Ernsthaftes, Wichtiges sagen. Die Person ist zu nah, zu vertraut. Sie ist eine von uns, nur eben mit Bühnenoutfit. Man identifiziert sich mit ihr. Diese Wirkung kann man jedoch auch bewusst einsetzen, z. B. bei persönlichen Ansagen oder Zeugnissen.

Die hinteren Ecken der Bühne wirken geheimnisvoll und spannend. Auch dies kann man gezielt einsetzen.

Tänze dokumentieren

Wie merke ich mir einen Tanz?

Die idealste Möglichkeit: den ganzen Tanz auf Video aufnehmen, denn:
Ein Video dient der Erinnerung bei bereits erlernten Tänzen, oder der Inspiration bei neu zu lernenden (wird meist nicht 1:1 umgesetzt).
Es kann auch zur Fehlerbehebung verwendet werden und die Jugendlichen verlieren mit der Zeit die „Scheu" vor der Kamera (einem genauen Beobachter) und somit auch vor dem Publikum.

Drei-Spalten-Schema: Text/Takt/Bewegung: (z. B. Raster)
Text aufschreiben
Dauer: Schläge/Takte
Bewegungen (evtl. getrennt Füße, Arme)
Beginn der Bewegung jeweils beim fettgedruckten Wort im Text des Liedes.

Idee: gemeinsame Abkürzungen entwickeln, euren eigenen „Geheimcode" für bestimmte Tanzfiguren
Beispiel: Keiner liebt mehr (CD: Weites Land, Ararat)

Aufstellung: In 2 oder 4 oder 6.... Reihen stehen, Blick zum Publikum
je nach Anzahl der Tänzer und Platz mehrere oder längere Reihen

```
A B C D
1 .  .  .  .
2 .  .  .  .
3 .  .  .  .
4 .  .  .  .
```

Keiner liebt mehr

Text	Dauer	Bewegungen
Instrumental	8	Beine geschlossen, Knie federn Arme gegengleich vor-/zurückschwingen, schnips.
	6	Pos.1.und 3, 2 Anstellschritte nach links (links seit, rechts ran... 2 A-Schritte nach rechts, 2 A-Schritte nach links Arme locker mitnehmen, Pos. 2. u4 gegengl nach re Reihe A.u.C, ? Dreh.n. re, Reihe B.u D ? Dreh.n. li mit 4 Schritten. R. A u.B/C.u.D stehen sich nun gegenüber und schauen sich an
1.Vers		
Wer liebt, der ist gütig, hat Geduld,	8	Beine geschlossen; Knie federn 4xArme abwechselnd n.vor/zurückschwingen nachfedern Handfl oben/gespannt, re beginnt.
wer liebt, vergibt dem andern	4	re Arm/Faust 2x gestreckt nach vorne boxen, li Arm.....
jede Schuld.	4	Arme von vorne gestreckt im Bogen seitl. nach hinten führen.
Wer liebt, der hat für jeden ein offenes Ohr.	8	R.A u. C 1/4 Drehung ü.li nach vorne (Reihe B u. D ü re) 4xre Bein gestreckt seitl.n.re kurz auftippen u.zurück (Reihe B u. D mit li Bein) re Hand gespreizt ans Ohr halten (Hören) 4x mit O-Körper nach re bewegen und zurück Rei.B u D gegengl.n. li
Ich komme mir so furchtbar lieblos vor.	8	1/4 Dreh.li. (Reihe B.u.D.n.re) Arme anwinkeln, Hände gespreizt abwechselnd 7x auf- und abbewegen, Kopf zur erhobenen Hand drehen, re beginnt n. unten (li beginnt)
Wer liebt, der gibt ab, wer liebt sieht den,	8	1/4 Dreh.re. (Pos B u.D. n. li) re Fuß Schritt nach vorne, Fußspitze aufstellen re Arm von vorne Bogen zur Seite, austeilend Handfl. n.oben li Fuß....li Arm .....alles 2x
den andre einfach mal so überseh'n	8	Beine geschlossen Knie leicht beugen/federn O-Körper leicht nach li vorne beugen u. „jemand langsam hinterherschauen" bis über re Schulter
Wer liebt, der sieht alles in anderem Licht.	8	4 kl. Schritte zurück 4 Schritte auf der Stelle re Hand gespreizt vors Gesicht halten, Handfl außen
Obwohl ich das will – ich schaff' es nicht.	8	li Hand auch vors Gesicht Arme 2x ruckartig n. re, 2x n. li, dann re, li, re, li
Refrain:		
Hast im Schmerz noch gedacht:	4	Beine geschlossen, Arme/Faust verschränkt vor Brust, etwas zusammenkauern
Ich habe euch lieb,	4	3 Schritte n.vorne, Kopf langs. heben Arme im weiten Bogen n. außen führen, seitl strecken. Hände offen

Text	Dauer	Bewegungen
hast im Sterben gesagt:	4	2 Schritte n. hinten re, li. Re seit. steh'n. Arme gestreckt lassen, Kopf n re neigen, Augen kurz schließen
O Vater..... vergib.	4	Arme n. oben strecken... Arme n. hinten über Schulter „kippen"
Keiner liebt mehr,	4	re Fußspitze n . vorne, kurz aufstellen u. zurück Arme/Fäuste vor Brust anwinkeln, Arme im Bogen n. außen öffnen, Handfl. n. vorne u. wieder schließen v. Brust. (2x) 1/4 Dreh. Auf li Bein, n. li re Fußspitze./Arme wie vorher
keiner liebt mehr,	4	1/4 Dreh n. li .sonst wie oben
keiner liebt mehr als	4	1/4 Dreh. n. vorne ... wie oben 2x auf u. zu Bewegung
du.....ohohoh	4	Arme parallel n. oben strecken u. u wieder anwinkeln
Keiner liebt mehr keiner liebt mehr,	4	4 Schritte wie oben nach vorne Armbewegung gleich
keiner liebt mehr als	4	4 Schritte zurück, Armbewegung gleich
du	4	Arme parallel n. oben strecken u. n. unten führen
Instrumental		
	16	Pos.1u.3 , 2A-schritte n re,2 n. li, 2 n re (Pos 2 u. 4 alles gegengl.) R. A.u.C ? Dreh.n. re, B u. D n.li
2.Vers		
Die Liebe erträgt, was ihr nicht gefällt,	8	breit stehen, re Hand 2x an li Schulter legen, li Ha 2x auf re ... u. wiederholen
die Liebe kämpft gegen Unrecht in der Welt,	8	re Faust 2x n li boxen, li Faust 2x n. re boxen wiederholen
die Liebe braucht jeder ob arm oder reich,	8	1/4 Dreh. Vorne, li Bein n.li außen führen re Arm im Bogen von li n re außen führen, strecken Handfl. n oben. li Ha n.li unten strecken
dass ein andrer mich braucht, ist mir	5	mit O-Körper u. gestr. ReArm 3x n. re dehnen und zurück als ob jemand nicht, Reihe D u. D. Li Arm gestreckt n. li dehnen
manchmal gleich.	3	re Arm gestreckt n. li unt führen, Kopf n li drehen R.: B u. D li Arm gestr. n re unten, Kopf n. re drehen
Du hast uns vor-gelebt	4 4	Jive Schritt n. links (seit seit rück vor) Arme n. unten öffnen, Jive Schritt. re (seit, seit). ? Dreh. ü re n. li (Rücken zu. Publikum) Schritt li li Arme überkreuzt auf O-Körper legen
du hast uns gezeigt, wie man vergibt,	8	rück vor seit seit, ? Dreh. ü.re n. vorne Jive Schritt. li Arme wieder n. u. öffnen
du hast uns gesagt: Liebt Gott mit aller Kraft,	8	n. re seit seit, li Fuß kick n. re, re Fuß kick n. li, li n re, re n li beide Arme n re vorne strecken,Handfl.n.oben n. li, n. re., n. li

Text	Dauer	Bewegungen
er liebt euch so, auch wenn ihr Fehler macht.	8	breit stehn, re/li Faust abwechselnd 8x auf Gesichtshöhe n re/li boxen, 0-Körper leicht mitdrehen
Refrain:		
Hast im Schmerz...		siehe Refrain oben
3.Vers		
Ich hätte so gern deine Züge an mir,	8	4kl. Schritte rückw., 4Schritte auf der Stelle, Hände vorm Gesicht abwechs.8x auf und ab bewegen
hab mich selbst manchmal so	4	mit 0-Körper Halbkreis schwingen von re n. li Hände dabei vors Gesicht halten
satt		Kopf in Nacken „werfen" Hände v.Gesicht lassen
würd so gern lieben lernen von dir,	8	mit 8 Schritten frontal im Kreis gehen Arme/Hände im Takt „bittend" nach vorne strecken,
doch ich brauche deine Kraft.	4	Ausfallschritt n.vorne (Gewichtsverlagerung auf re Bein, gebeugt, li Bein gestreckt li Arm gestreckt n. oben, re Arm gestr.n hinten
Ich brauche deine	4	4 Schritte Dreh.um sich selbst, li beginnt Armwechsel. re Arm strecken
Kraft	4	li Arm 2x n. oben federn, re Arm 2x n. ob. dann Spannung in Armen halten
Refrain:		
Hast im Schmerz... Keiner liebt mehr als du!		siehe Refrain oben
Hast im Schmerz... Keiner liebt mehr...	16	Reihe A u. C Bewegungen s.o. Reihe B u. D
Keiner liebt mehr... Hast im Schmerz...	16	Reihe A u. C Reihe B u. D
Keiner liebt mehr... Ohoho	8	li Fuß n. re kick, re Fuß li kick 7x Arme abwechseln n. re/Li vorne strecken, ganze re Drehung
	8	Wdh. Kick....8 x
Keiner liebt mehr	10	Pos. 1 u. 3. 2 Anstellschritt.n.re,n.li,n.re,n.li,n.re Reihe 2 .u. 4 2A-Schritte n li.......
Keiner liebt mehr		Knie federn Arme abwechs.vor und zurück schwingen
als du.		Ausfallschritt z. Seite Pos 1 u.3 n. re Pos 2 u 4 n li Arme geöffnet nach außen strecken

Meta Beeh 2/1999

Choreographische Grundaufstellung aufzeichnen

Witzige Eselsbrücken überlegen
Tanzfiguren benennen:
Äpfel holen (Arme hoch) - in den Korb (Arme nach unten)
Schlange, Schlange - geh weg, geh weg
Hier kann die ganze Gruppe dazu beitragen, lustige Eselsbrücken zu finden
Bewegungen werden synchron zu einem Textwort/Bildwort ausgeführt.

„Shine" von Raze

Schläge	
1x	(A) = ANFANG: (8x8)
4	4 Schläge Pause (I: bum, bum :I)
12	blöder Männerschritt (6x)
8	nach vorne „laufen" (8x) => Arme in die Luft
4	Hoch (re), hoch (li), runter (re), runter (li) (Arme) (4x)
4	re-li-re-li mit Schulter => langsam nach oben
4	Hops nach vorne; Pause: 4 Schläge => Standbild
28	Nicky-Tanz bis Pinguin-Drehen: schräg => Diagonale
2x	(V) = VERS: (4x8)
2	1,2 Pause
6	6x HinHer mit Arme (mit li anfangen!)
4	Arme senkrecht zur Seite => gespreizte Finger: Pause
4	Push-down-Danni-Schritt
4	Bumbum => Knie hoch; Arme 30°: Pause
4	Bumbum => Pferdesprung nach vorne (leicht seitlich): Pause
4	Bumbum => „Froschstellung": Pause
4	Bumbum => li-re (Beine) => re Arm nach re oben zeigen: Pause
1x	(S) = SOLO: (4x8)
2	1,2 Pause
6	Überkreuz li tap, Überkreuz re tap, Überkreuz li tap (Arme jeweils mit kreuzen!)
8	drehen, Kopf „stehen lassen" => zurück laufen, auf Schlag 5: 4x schnipsen auf Schlag 8 ganz drehen (mit re Fuß)
8	Pogewackel re-li-re-li; hop, kreuz, drehen; streif, zack zack.
4	Tanz-Seminar-Schritt (S&D) HinHer 4x
4	1,2,3,4 re Arm nach oben zeigen => nach und nach
4x	(R) = REFRAIN: (4x8)
8	Tap re, Tap li, Tap re, Tap li => In der Mitte: Finger gespreizt, => Seitlich: Faust ballen
4	runter, hoch, hops, zack zack
4	Arme & Beine nach hinten: re 1,2 / li 1,2
4	Step touch nach vorne: re-li => 1. unten klatsch / 2. oben klatsch
4	nach unten; Arme gegen Publikum „schieben" => 1. Knie li / 2. Knie re
4	Bodenteil: Arme re-li => hinter Körper; Beine rausspreizen, rein hopsen
4	auf Boden drehen und hochkommen 3x (VR) = VORREFRAIN: (4x8)
4	li Hand auch nach oben dazu führen => Hände öffnen, Finger spreizen
4	runter auf die Knie/Hände (dazu) vor dem Körper in Schlangenlinien nach unten führen
8	je 4 Schläge mit re und li Arm nach außen (mit Akzent!)
8	mit Oberkörper auf 4 nach hinten, und wieder auf 4 nach vorne
4	langsam aufstehen, Arme im Kreis (seitlich) mitführen
4	auf jeden Schlag, Arme vor dem K örper nach unten ziehen.
2x	(E) = ENDE: (4x8) 12 6x Pulp-Fiction-Tanz =>Schritt: Finger gespreizt 4 Füße breit/Arme breit; wieder zusammen/Knie hoch; Arme angewinkelt nach oben
12	6x Arme auf/ab: re-li mit leichtem Pogewackel
4	Füße breit/Arme breit; wieder zusammen/Knie hoch; Arme angewinkelt nach oben
1x	(S) = SCHLUSS (1x8)
4	Pause 1,2,3,4
4	auf „Shine" => Arme & Kopf nach oben: Finger spreizen

TD 1 – Three Dancers for ONE

Habt ihr was damit anfangen können? Wir wollten euch zeigen, wie so ein Aufschrieb noch aussehen kann. Ihr merkt schon, dass hier viele Insider-Begriffe verwendet worden sind.

Das Gute dabei ist, dass jeder aus der Gruppe bei diesen Insiderbegriffen weiß, was mit „Pinguin-Drehen“, oder „rechts, links, hopp, zack, zack“ gemeint ist.
Allerdings sollte man die einzelnen Tanzschritte beim Aufschreiben wirklich genau definieren, denn sonst kann es leicht sein, dass man irgendwann den Schritt verwechselt oder gar ganz vergisst.

Das Beste wäre es, wenn ihr jemand in eurer Gruppe einfach damit beauftragt, jeden Tanz, nachdem er fertig gestellt ist, fein säuberlich aufzuschreiben und eventuell sogar noch schöne Zeichnungen dazu zu erfinden.
Jeder hat seine eigene Vorgehensweise und er soll diese auch entwickeln. Aber für die „ersten Gehversuche“ ist dies erst mal eine kleine Hilfestellung.

Bodenmuster

Wenn die Bewegung weniger mit den Armen, dafür mehr mit den Füßen gesehen geschieht, kann ein geographisches Muster hilfreich sein.

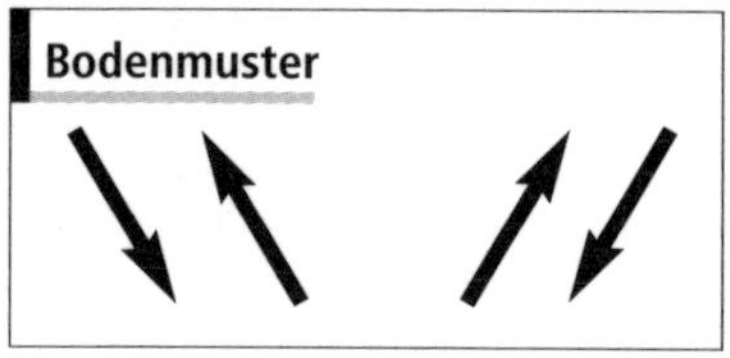

Raum, Technik, Outfit & Requisiten

Raum

Im Prinzip ist fast jeder Raum geeignet. Es gibt aber einige Kleinigkeiten, die das Training wesentlich erleichtern:
Parkett oder PVC-Boden ist sehr empfehlenswert. Teppichböden erschweren manche Schritte sehr oder machen sie gar unmöglich. Deshalb bevorzugen Breaker eher glatte Böden für ihre Moves. Langsamere Tänze, die mehr Armeinsatz erfordern sind aber durchaus auch auf Teppichboden zu bewältigen.
Achtet darauf, immer wieder mal zwischendurch zu lüften. Mit der frischen Luft kommen oft auch neue Ideen.
Richtig gut ist natürlich ein Raum mit Spiegeln. Da kann man während des Übens schon gleich Ungleichheiten ausmerzen. Das erleichtert natürlich einiges. Aber denkt daran: immer mal wieder die Raumrichtung wechseln. Bei manchem Ausprobieren wirkt der Spiegel auch irritierend.

Technisches

Natürlich braucht ihr einen CD-Player oder eine schon vorhandene Stereoanlage. Ein tragbarer CD-Player lässt sich viel leichter mal mitnehmen, wenn ihr den Raum wechseln wollt. Eine Anlage hat aber auch ihre Vorzüge (z. B. Lautstärke).
Bringt verschiedene CDs mit, dann ist eine gewisse Abwechslung garantiert.
Über ein paar Vitamine und Getränke freuen sich auch die meisten. Denkt daran, wirklich viel zu trinken, wenn ihr schwitzt. So kann man manchem Kreislaufkollaps vorbeugen.
Ansonsten sind es noch Kleinigkeiten wie ein Handtuch, Deo oder ein frisches T-Shirt über die man sich während des Trainings so freuen kann.

Outfit

Während des Trainings ist es prinzipiell egal, was ihr anhabt. Es sollte nur elastisch und bequem sein. Die enge Jeans lässt man da besser zu Hause, die schränkt in der Bewegungsfreiheit doch sehr ein.
Ganz wichtig jedoch sind Turnschuhe. Hohe Absätze erhöhen die Verletzungsgefahr um vieles. Oder ihr tanzt eben barfuß. Wie ihr es gerne mögt und es für eure Tänze angemessen ist.

Bühnenoutfit

Als erstes steht die Überlegung, ob ihr alle im gleichen Outfit auftreten wollt. Bei manchen Gruppen sieht das richtig gut aus und unterstützt das Gefühl, dass die Gruppe als Einheit auf der Bühne steht. Bei anderen wiederum reicht es, wenn es dem Stil nach abgestimmt ist und dadurch auch wieder einheitlich wirkt. Das hängt stark von der Gruppengröße, dem verschiedenen Geschmack sowie von der Statur des Einzelnen ab. Aber auch davon, ob ihr alle Mädels oder Jungs seid, oder eben gemischt.

Die Farbe

Die Auswahl der Farbe hängt ebenfalls stark von dem ab, was euch steht. Prinzipiell kann man sagen, dass rot, gelb und orange sehr gut auf der Bühne wirken. Leider sind die Farben nicht ganz so gut aufeinander abzustimmen. Ein gemeinsamer Einkauf kann diesem Problem abhelfen.
Schwarz, weiß und blau sind besser abzustimmen, wirken aber lang nicht so spannend.

Der Schnitt

Es spielt eine große Rolle, welchen Schnitt euer Outfit hat.
Seid euch der Wirkung beim Publikum bewusst. Und seid euch auch darüber bewusst, wie ihr euch darin fühlt.

Unpassend, wenn auch oft von Tanzgruppen getragen, sind Oberteile mit einem großen Ausschnitt. Beim Vorbeugen hat man bei Vielen freie Sicht bis zum Bauchnabel. Auch bei bauchfreien Tops müsst ihr euch darüber im Klaren sein, dass das Teil ja noch weiter nach oben rutscht, wenn ihr die Arme bewegt oder hebt.
Das gleiche gilt für Spaghetti-Träger. So nett sie aussehen, leider verrutschen sie oft. Und wenn ihr dann mehr mit „Anziehen" als mit Tanzen beschäftigt seid, ist das wohl auch kaum Sinn der Sache, oder?
Es mag ja sein, dass euer Outfit sehr ansprechend ist. Beachtet aber, dass manche Menschen es zu ansprechend finden könnten. Die Leute sollen sich auf den Tanz konzentrieren, nicht auf euren Bauch. Es gibt einige Männer, die damit Probleme haben, wenn Mädchen - insbesondere auch auf christlichen Veranstaltungen - sich zu freizügig kleiden. Sie wollen eigentlich nicht soviel von anderen Frauen sehen, aber ihr steht nun mal auf der Bühne. Ihr wisst sicherlich wie das gemeint ist. Bitte nehmt darauf Rücksicht.

Auch solltet ihr euch in eurer Kleidung wohl fühlen. Und damit sind alle aus der Gruppe gemeint. Kommt einander da entgegen. Nicht dass einer dann mehr mit „Bauch

einziehen“ beschäftigt ist als mit allem anderen. Ihr sollt euch sicher fühlen in euren Kleidern, sie sollen euch auch einen gewissen Schutz geben vor den Blicken der Zuschauenden.
Ein zusätzlicher Punkt ist noch: Was passt zu eurem Stück? Experimentiert herum. Wie wäre es mit einem Hemd über dem T-Shirt oder einem Jackett? Die kann man dann an passender Stelle noch ausziehen und ein neues Element mit in den Tanz einbringen.

Requisiten

Requisiten sind in vielen Tänzen noch die Sahne auf der Torte.
Es können so viele verschiedene Dinge verwendet werden, lasst euch einfach ganz speziell zu eurem Tanz etwas einfallen.

Hier ein paar Vorschläge:
Rohmaterialien: Fingerfarben, Draht, Pappe, Holzstäbe, Stricke, Ringe, Stöcke etc.
Kleingeräte: Dosen, Schachteln, Kartons, Bälle, Reifen, Seile etc.
Kostüme: Schals, Tücher, Stolas, Gürtel, alte Kleider und Anzüge etc.
Objekte: Sitzwürfel, Podeste, Boxen, Leiter, Hocker, Stühle, Bänke, Tische etc.
Instrumente: alle Arten von Trommeln, Klangstäbe, Rasseln etc.
Das war eine völlig wilde Sammlung von dem, was man einsetzen kann.

Nun ein paar Ideen zur Anwendung:
Hüte:
Kommen immer gut an, egal in welcher Form oder Farbe. Man kann sie werfen, kreisen lassen ... Bei Liedern, die männlich wirken sollen (z. B. „Men in black“ o. Ä.) unterstreichen sie zusätzlich diese Wirkung.
Stöcke:
Mit Stöcken lässt sich die Wirkung des Rhythmus eines Liedes, bzw. dessen Beat beeinflussen. Durch Klopfen gegen oder mit dem Takt entstehen sehr unterschiedliche Effekte. Es können beispielsweise ganz einfache Äste sein, die mit Alufolie umwickelt sind.
Tücher:
Sind eher für langsamere Tänze geeignet. Bei schnellen lassen sie sich häufig nicht so schnell bewegen wie es nötig wäre. Bei einem Ausdruckstanz aber gibt es viele Möglichkeiten, das Tuch einzusetzen (einhüllen, verstecken, zudecken...).
Stühle:
Stühle sind für langsame als auch für schnelle Tänze geeignet. Da sie auch von hinten gesehen werden, haben sie eine gute Wirkung. Akrobatische Elemente lassen sich in einen Tanz mit Stühlen sehr gut einbauen. Wichtig ist hierbei nur die Beschaffenheit des Bodens, damit der Stuhl nicht wegrutscht. Pads, die sich unten an die Stuhlbeine hinkleben lassen, gibt es aber zu kaufen. Dann verhält sich der Stuhl noch mal anders.
Auf einem Stuhl kann man u. a. sitzen, stehen, springen, verschiedene Positionen ausprobieren wie z. B. Handstand, Liegen etc.

Kugeln:
Gibt es in den verschiedensten Variationen, wie z. B. nachtleuchtend, selbstleuchtend, in Neon-Farben uvm. Je nach Objekt kann man sie im Dunkeln einsetzen oder auch Schwarzlichttänze machen.

Man kann verschiedene Requisiten zusammen verwenden, nur sollte man darauf achten, dass der Tanz dann nicht zu „überladen" wirkt.
Es gibt bestimmt noch viele Dinge, von denen man geglaubt hat, dass sie sich nie im Leben für einen Tanz eignen würden, und trotzdem lassen sich damit tolle Effekte erzielen z. B. Mülltonnen, Kerzen, Bänder und Ähnliches. Probiert es aus. Nur Mut!

Performance

Performance nennt sich die Darstellung auf der Bühne. Es ist das i-Tüpfelchen aller Vorbereitungen. Macht euch darüber rechtzeitig Gedanken und übt den Ernstfall ein. Dann fällt es einem auf der Bühne viel leichter, denn da hat man ja zusätzlich noch mit der Aufregung zu kämpfen.

- Das Lied hat eine Botschaft, und die gilt es mit eurer Mimik und Ausstrahlung dem Publikum nahe zu bringen. Das ist eure Aufgabe. Erst dann können die Zuschauer das Lied wirklich verstehen. Wenn ihr bei einem Lied, das von Freude erzählt, traurig oder auch nur gelangweilt schaut, versteht keiner den Inhalt des Songs. Für traurige Lieder gilt das andersherum ebenfalls.

Trotzdem: Auf der Bühne lieber einmal zuviel lächeln als zuwenig. Wenn es passt, dann strahlt die Leute richtig an. Das wirkt.

- Schaut nicht auf den Boden. Schaut die Leute direkt an. Wenn ihr niemanden direkt anschauen wollt, sucht euch einen Punkt im Raum, der kurz über den Köpfen der Leute ist, den ihr fixieren könnt. Es kann sein, dass ihr geblendet werdet vom Licht. Lasst euch davon nicht irritieren. Tut einfach so, als ob ihr die Menschen direkt anseht. Kneift auf keinen Fall die Augen zusammen. Kleiner Trost: Das ist alles nur Gewöhnungssache...
- Wählt euer Outfit passend zu den Tänzen. Dadurch wird der Ausdruck zusätzlich verstärkt.
- Sprecht euch, wenn möglich, mit dem Lichttechniker ab und sagt ihm, welche Stimmung ihr vermitteln wollt. Er kann dann mit Schwarzlicht, Stroboskop, Nebel oder der gezielten Auswahl von Farben eurem Tanz den letzten Schliff geben.
- Tanzt mit innerer Spannung und Dynamik. Hier ist Pep gefragt. Nicht nur das Ausführen der Bewegung zählt, sondern auch das „Wie".

Ein Außenstehender könnte eure Performance und Choreographie nach folgenden Punkten bewerten (bei Wettbewerben sind das oft die ausschlaggebenden Kriterien):

- Originalität der Ideen
- Originalität und Anzahl der verwendeten Raumformen
- Zusammenarbeit/Einheit der Gruppe

___ Beziehung zwischen Musik und Gestaltung
___ Struktur/Akzente/Übergänge gut umgesetzt
___ Motiv/Aussage klar
___ Technik des Einzelnen
___ Ausdruck/Ausstrahlung

Damit ihr auch nichts vergesst, ist hier für euch eine kleine Checkliste zusammengestellt, die ihr euch auch kopieren könnt.

Checkliste für Auftritte

- ❑ **Habt ihr alle CDs dabei?** (In die Hüllen reinschauen!)
- ❑ **Hat jeder der Tänzer seine Klamotten und Schuhe?**
- ❑ **Habt ihr alle Requisiten dabei?**
- ❑ **Habt ihr an euer Styling gedacht?**
  - ❑ Haargummis, Haarspray, Haargel, Haarklammern, usw.
  - ❑ Schminke: Kajal, Wimperntusche, Make Up usw.
  - ❑ Glitzerspray, Glitzergel für Haut und Haar, usw.
- ❑ **Habt ihr euren Ablaufplan der Tänze dabei?**
- ❑ **Kreppband?**
- ❑ Absprachen: **Wer spricht heute mit dem Licht- und Tontechniker?**

Mit dem Lichttechniker

- Welche Stimmung soll rüberkommen?
- Welche Farben hättet ihr gern?
- Gibt es Stellen, die ihr besonders hervorheben wollt?

❑ Vorher abklären: Zusätzliches wie Stroboskop? Nebel? Etc.? Wann? Wie viel?

Mit dem Tontechniker

- Reihenfolge der CDs klären (Eventuell mit Kreppband oder Zetteln die Reihenfolge direkt in der CD-Hülle kennzeichnen)

❑ Die einzelnen Lieder müssen durchgesprochen werden:

- Länge der Lieder/Besonderheiten/Anfang & Ende
- Ausgangspositionen kurz erläutern, damit er Bescheid weiß, wann er starten kann!

❑ Vorher abklären: Habt ihr CDs oder sogar Minidiscs?

- ❑ **Habt ihr einen Ablaufplan des Abends?**
- ❑ **Gibt es ein Interview: Wenn ja, wer sagt was?**
- ❑ **Wollt ihr eine Message rüberbringen?**
  Wenn ja: - Welches Thema hat der Abend?
  - Was wollt ihr den Zuschauenden mit euren Tänzen vermitteln?
- ❑ **Stehen Getränke bereit, damit ihr euch zwischendurch auch mal erfrischen könnt?**
- ❑ **Habt ihr Kontaktadressen dabei, falls Zuschauende Interesse an eurer Tanzgruppe haben?**
- ❑ **Terminplaner ist für solche Dinge auch immer sinnvoll**
- ❑ Vorher klären: **Wer spricht mit dem Veranstalter wegen Fahrtkosten und Gage?**

Der erste Auftritt

Ja, jetzt ist es nun endlich so weit – der erste große Auftritt! Wie viele Stunden habt ihr für diesen Moment geprobt? Wie viele Tage drauf gewartet? An so einem großen Tag sollte man gerade auch als Leitender die Ruhe bewahren, damit nichts Wichtiges vergessen wird.

Zu allererst müsst ihr einen Zeitpunkt ausmachen, bei dem die Anreise (+ ca. halbe Stunde Puffer), mögliche Absprachen, eventuelle Verzögerungen durch vergessene Sachen usw. mit einberechnet ist.

Bei diesem Treffen könnt ihr auch eure letzte Hauptprobe mit einbeziehen, damit alle das Gefühl haben, optimal und bis zur letzten Minute gut vorbereitet zu sein.
Am Veranstaltungsort angekommen, klärt ihr erst einmal ab, wo ihr euch umziehen und eure Sachen lassen könnt. Dies solltet ihr am besten schon im Vorfeld ansprechen, da nicht alle Veranstalter im Blick haben, dass ihr einen Raum zum Umziehen braucht. Dort könnt ihr dann auch alles lassen, was ihr gerade nicht benötigt.

Als nächsten Schritt müsst ihr alles genau mit den Licht- und Tontechnikern absprechen, damit sie auch hundertprozentig über den Auftritt Bescheid wissen (siehe Checkliste!).

Eine kurze Stellprobe ist unheimlich wichtig, damit ihr auch wisst, wie die Bühnenbeschaffenheit ist, wie groß die Bühne tatsächlich ist (von unten sieht das meist ganz anders aus) und wie ihr die Aufstellung ausrichten müsst (eventuell mit Kreppband aufkleben!).
Sinnvoll ist es auch, dass ihr alle Lieder bzw. das Lied mal einspielen lasst, um die Tonqualität zu prüfen und um verschiedene Schritte auszuprobieren.
Nachdem ihr alles Organisatorische abgeklärt habt, zieht ihr euch am besten in euren Raum zurück, damit ihr euch umziehen, stylen und aufwärmen könnt. Erfahrungsgemäß müsst ihr dafür ungefähr eine halbe Stunde einberechnen.

Das Aufwärmen vor dem Auftritt ist sehr wichtig, auch wenn es leicht vergessen wird. Ihr habt eventuell Bewegungen in eurer Choreographie, die viel Beweglichkeit erfordern. Wenn ihr da nicht aufgewärmt seid, kann das unter Umständen nicht gut ausgehen.

Wichtig ist in dieser halben Stunde, dass ihr euch nicht verrückt macht, sondern euch gegenseitig beruhigt. Das ist leichter gesagt als getan, aber es ist für euer Lampenfieber und für den gesamten Verlauf des Auftritts unheimlich wichtig!
Eine Gebetsgemeinschaft wirkt hier wahre Wunder! Sich einfach nur an den Händen fassen, mit Gott reden, einander Mut zusprechen.

„In zwei Minuten geht es schon los..." Die Aufregung wird immer größer, und man hat das Gefühl, dass man die ganze Choreographie nicht mehr weiß und alles Wich-

tige vergessen hat. Keine Panik! Das ist normal, und sobald man auf der Bühne steht, ist einem alles wieder klar.

Auf der Bühne denkt ihr am besten an gar nichts anderes mehr, sondern konzentriert euch nur noch auf den Tanz. Wenn ihr einen Fehler macht, lasst ihn euch nicht anmerken (denn dann bemerken ihn die Wenigsten). Und falls es doch auffällt: es ist überhaupt nicht schlimm. Fehler passieren jedem mal, auch Profis.

Wichtig ist einfach, dass ihr euch durch diesen Patzer nicht aus der Ruhe bringen lasst, sondern einfach so weiter macht.
In der Schlussposition solltet ihr erstarren. Eine Vorgehensweise ist es, das ihr alle in Gedanken auf fünf zählt, bevor ihr das Standbild auflöst. Somit seid ihr ungefähr gleichzeitig.

Der Abgang von einer Bühne sollte zumindest angedacht werden, damit es nicht so aussieht, als ob ihr planlos und so schnell wie möglich die Bühne verlassen wollt. Ihr könntet winken, euch verbeugen oder in einer Reihe die Bühne Schritt für Schritt verlassen.

Geschafft!

TeenDance als Projekt

7

Teendance an Schulen

Hip-Hop im Unterricht

Mädchenarbeit

Konfirmanden

7 TeenDance als Projekt

Hier findet ihr drei Projektbereiche beispielhaft erklärt. Wir wollten hier nicht in jedes Detail gehen, sondern Appetithäppchen bieten, wie TeenDance an Schulen, im Unterricht an Schulen, in der Mädchenarbeit oder in der Arbeit mit Konfirmanden aussehen kann. Die Praxistipps in Kapitel 6 geben dazu die nötigen Hilfestellungen.

Schule kann doch auch Spaß machen - TeenDance an Schulen

Neben Workshoptagen und Projekten in der Jugendarbeit oder in Gemeinden bieten Schulen ein „Pflaster" eine TeenDance-Arbeit aufzubauen. Schulen sind ein sehr heißes Pflaster! Viele verschiedene Leute treffen aufeinander. Leute, die sich sonst vielleicht nie begegnen würden, oder die sich nach der Schulzeit nie wieder begegnen. Eine super Chance!!!

Durch Tanzen hat man eine gute Möglichkeit Gemeinschaft zu fördern, Begabungen zu erkennen, viel Spaß zu haben und das Thema Jesus wieder in die Schulen zu bringen.

Hier einige Beispiele, wie das aussehen kann:
Projekttage: Viele Schulen haben im Laufe des Schuljahres Projekttage; d. h.: von Lehrern, Eltern und älteren Schülern werden klassenweise oder nach Lust und Laune Workshops angeboten. Ein TeenDance-Workshop kann unter einem bestimmten Thema stehen und das Tanzen kann durch andere kreative Elemente ergänzt werden (z. B. Umfrage zum Thema Tanz/Hip-Hop, coole Kulisse machen).

AG/Ganztagsschule: An vielen Schulen fehlen die finanziellen Mittel für AGs oder Freizeitprogramme. Eine sehr gute Möglichkeit eine Tanzgruppe anzufangen.
Sport- bzw. Religionsunterricht: Es gibt Sportlehrer, die das Tanzen nicht so lieben, sich aber sehr über Unterstützung freuen. Im Religionsunterricht kann der Tanzworkshop ein bestimmtes Thema einleiten, z. B. Sehnsucht/Liebe, Christsein heute – darf man als Christ tanzen?, Wie geht beten?...

Schulgottesdienst: Viele Lehrer sind froh über motivierte Schüler oder TeenDancer die sich mit einbringen wollen. Besonders an Weihnachten haben sie nichts gegen christliche Texte oder ein persönliches Zeugnis warum man sich für ein Leben mit Jesus entschieden hat!

Nebenwirkungen und Risiken

Eines der wichtigsten Dinge für TeenDance an Schulen ist, eine ordentliche Absprache mit den verantwortlichen Personen, sei es Lehrer, Direktor oder Hausmeister. Wenn du selbst noch Schüler an der Schule bist, an der du ein Projekt machen möchtest, um so besser! Gehe mit Mut und Selbstbewusstsein zu deinem Lehrer und stelle dein Projekt vor. Es ist o.k. zu erzählen, dass es bei TeenDance auch um Glaube und Gott geht.

Manche Direktoren und Lehrer stehen echt hinter einem, andere machen einem das Leben schwer. Da hilft es nur zu beten und sehr kluge Entscheidungen zu treffen. Uns wurde damals an meiner Schule z. B. das Einhalten von gegebenen Anordnungen und das Abgeben eines Protokolls zum Segen.

Im Gegensatz zu manchen Jugendarbeiten und Gemeinden erwarten Schulen eine gewisse Professionalität von Leuten die "von außen" kommen. Viele Direktoren wollen einfach genau wissen mit wem sie es zu tun haben und was genau gemacht wird. Ein Gespräch, ein Protokoll des Projekts oder eine Einladung zum Workshop kann helfen. Das Beste ist es, an der Schule eine Kontaktperson zu haben, die für das Projekt genauso "brennt" wie man selbst. Diese Person kann intern Werbung machen, unter Kollegen Rückmeldung einholen oder sich einfach um praktische Dinge kümmern, weil sie sich besser auskennt (z. B. welcher Raum wann frei und am besten schalldicht ist?) Wie gesagt, Schulen sind ein heißes Pflaster.
In unseren Schulen sind viele Teens, die echt noch NIX von einer persönlichen Beziehung mit Jesus gehört haben.

Nach Projekttagen muss man darauf gefasst sein, mit dem einen oder anderen Lehrer über Glaube zu diskutieren oder sich mit den Schülern über tiefe Fragen nach Leben und Gott zu unterhalten. Sehr gut, oder!?!

Nur Mut, nie aufgeben und rein in die Schulen.
Schule macht Spaß!!!

Hip-Hop im Unterricht?

Durch die ständige Wandlung und der Aktualität der Jugendkultur Hip-Hop ist es nicht ganz einfach dieses Thema in der Schule zu behandeln. Wegen der Aktualität wird es immer Schüler geben, die sich der Szene zugehörig fühlen und sich darin gut auskennen, wogegen andere diese ablehnen und kein Interesse daran haben, sich mit dieser Thematik auseinander zu setzen. Auch für den Lehrer ist es relativ schwierig, sich in diese Jugendkultur einzuarbeiten und als Fachmann dazustehen und es mit Jugendlichen zu behandeln, die sich auf jeden Fall teilweise besser auskennen werden als er. Deshalb ist es wichtig, dass er sich nicht als Fachmann aufspielt oder sich über das Ganze stellt und damit die jugendliche Kultur erniedrigt. Eine Möglichkeit wäre, Schüler als Experten heranzuziehen und ihnen bestimmte Teilaspekte zu übertragen.
Für viele Lehrer stellen bestimmte Inhalte ein weiteres Problem dar, da sie oft moralisch bedenklich sind, durch zum Teil extreme Frauenfeindlichkeit oder Gewaltverherrlichung. Tatsache ist aber, dass viele Jugendliche mit dieser Kultur ständig in Berührung kommen. Wenn man sich im Unterricht mit Hip-Hop auseinander setzt, hat der Lehrer die Chance, die Schüler zu einem reflektierteren Umgang anzuregen. Dies kann z. B. geschehen, in dem man die Textinhalte und Ziele einer Band genauer untersucht, sich mit der Geschichte beschäftigt (Geschichte des Hip-Hops, Geschichte der Schwarzen in den USA) oder selbst aktiv wird (Rappen, Tanzen, Graffitis entwerfen usw.). Das Ziel sollte sein, sich konstruktiv mit der Jugendkultur auseinander zu setzen ohne sie zu verurteilen oder schlecht zu machen.

Eine Möglichkeit für den Einstieg in die Thematik ist Hip-Hop zu tanzen. Daraus können sich später Gespräche ergeben, Inhalte können aufgegriffen werden und die Hip-Hop-Kultur kann näher untersucht werden.

Hip-Hop-Tanzen im Musikunterricht

Die meisten (Musik-)Lehrer sind selbst keine aktiven Hip-Hop-Tänzer. Deshalb ist es hilfreich, wenn man sich selbst ausreichend informiert und weiterbildet. Dies kann z. B. in Hip-Hop-Seminaren oder durch Anschauen von Musikvideos geschehen.

Möchte man mit seiner Klasse Hip-Hop tanzen müssen bestimmte Rahmenbedingungen gegeben sein. Das Zimmer muss soviel Platz bieten, dass jeder Schüler sich frei bewegen kann ohne jemanden anzurempeln. Natürlich muss eine Musikanlage zur Verfügung stehen, die z. B. auch von einem Schüler, der nicht mittanzen kann, bedient werden kann. Um Verletzungen auszuschließen, muss der Lehrer darauf achten, dass die Schüler flache Schuhe tragen oder zur Not barfuß tanzen. Um Chaos zu vermeiden, sollten sich die Schüler versetzt im Block aufstellen, so dass jeder den Lehrer sehen kann und der zur Verfügung stehende Platz gut ausgenützt wird. Der Lehrer steht entweder mit dem Rücken zu seinen Schülern (dies kann in manchen Klassen problematisch sein!) oder er führt die Bewegungen zu seinen Schülern gerichtet spiegelverkehrt aus (erfordert allerdings viel Konzentration und Übung).

In der Schule bietet es sich an, bestimmte Grundschritte zu lernen, mit denen weitergearbeitet werden kann. Diese Schritte können im Laufe der Zeit variiert oder mit anderen Bewegungen (z. B. Armbewegungen) kombiniert werden. Der Schwierigkeitsgrad kann den Fähigkeiten entsprechend gesteigert werden.

Beim Lernen von Tanzschritten ist es wichtig die einzelnen Bewegungsabläufe genau strukturiert darzustellen. Dazu ist es sehr hilfreich, entweder einzelne verbale Anweisungen zu geben (rechts, links, vor, zurück...) oder die Grundschläge mitzuzählen. Nützlich ist es, bestimmte Schritte mit Bildern zu verbinden, da sie dadurch oft einfacher zu merken sind. Bei rhythmisch anspruchsvolleren Elementen kann das Mitzählen durch Mundgeräusche ersetzt werden (z. B. zack, pfffff, tsch, tacka...), die auch von den Schülern mitgemacht werden können.

Bevor man einen Tanz mit der Klasse einübt, sollte man sich über die Zielsetzung klar sein. Was möchte man mit dem Tanzen erreichen? Möchte man das Ergebnis präsentieren, z. B. bei einer öffentlichen Schulveranstaltung, wird man anders an die Sache herangehen, als wenn man das Tanzen zur Schulung bestimmter Fähigkeiten wie z. B. dem Rhythmusgefühl einsetzt. Außerdem sollte man sich als Lehrer überlegen, wie man einen Tanz auf ein bestimmtes Lied gestaltet.

Vorschläge für die praktische Umsetzung

Tanzen kann eine gesamte Musikstunde füllen, kann aber auch als Einstieg oder Ausklang genützt werden. Dementsprechend müssen Schwerpunkte gesetzt werden, z. B. Lernen von wenigen Grundschritten oder freies Bewegen der Schüler auf die Musik. Um die Schüler nicht zu überfordern ist es gut, die Tanzerfahrung auf einen längeren Zeitraum auszulegen anstatt alles in einer Stunde machen zu wollen. So kann man nach und nach immer schwierigere und anspruchsvollere Dinge ausprobieren und ausprobieren lassen.

Als Einstieg in das Hip-Hop-Tanzen eignet sich unserer Meinung nach das Erlernen von einfachen Grundschritten besonders gut, da Vorurteile (z. B. „Das sieht so schwierig aus in den Musikvideos") und Hemmungen abgebaut werden können. Dabei soll beim Erklären der Tanzschritte auf Musik verzichtet werden, diese sollte aber relativ bald eingesetzt werden. Für Fortgeschrittene empfiehlt es sich, um die Motivation aufrechtzuerhalten, ihnen zusätzliche Anforderungen zu stellen, wie z. B. Ausführen von vorgegebenen Armbewegungen. Diese Grundschritte sollten in den folgenden Stunden wiederholt und dadurch automatisiert werden. Um ein gewisses „Feeling" für die Tanzart zu erreichen, kann man die Schüler mit diesen Grundschritten selbst experimentieren lassen (allein oder auch in Gruppen) und freies Bewegen zur Musik als Improvisation miteinbeziehen.

Je nach Leistungsstand der Schüler kann man sich jetzt an eine anspruchsvollere Choreographie wagen, wobei auch innerhalb einer Choreographie Teile von den Schülern selbst entwickelt oder bestimmte Abschnitte als Improvisationsteile gestal-

tet werden können. Wichtig ist dabei, dass Wiederholungen stattfinden. Außerdem kann z. B. der Refrain als Anhaltspunkt dienen, bei dem Schüler, die nicht mitgekommen sind, wieder einsteigen können.

Vor allem im Tanzen unerfahrene Lehrer fühlen sich angesichts der vielen Ratschläge und Regeln überfordert Hip-Hop im Unterricht einzusetzen. Eine weitere Schwierigkeit besteht darin, dass Lehrer nicht (mehr) zu dieser Jugendszene gehören und daher befürchten, dass ihr Auftreten peinlich wirkt. Wir empfehlen, das Tanzen einfach mal auszuprobieren, selbst kreativ zu werden und die Sache auch in der Klasse „cool“ und selbstbewusst anzugehen. Außerdem kann man durch Üben und durch seine Schüler selbst noch viel dazulernen.

Mädchenarbeit

Mittwoch 19 Uhr: ca. 10 Mädchen treffen sich im Gemeindehaus zum wöchentlichen Mädchentreff. In der ersten Viertelstunde werden erst einmal die neuesten Neuigkeiten aus dem Alltag der Mädchen besprochen und nebenbei läuft, wie so oft, das Radio. Doch, was ist das? Im Radio ertönt der neue Chartbreaker und fünf Mädchen springen auf und fangen an zu tanzen. Den Tanz, den sie in der Schule oder durch stundenlanges Clipwatching bei MTV gelernt haben. Eigentlich können die Mitarbeitenden hier ihr vorbereitetes Programm vergessen, denn für die meisten Mädchen gibt es jetzt nur noch eins. „Lernt ihr uns das auch?“ Wenn jetzt noch eine den Song auf CD dabei hat, ist die Sache geritzt und die Zeit vergeht wie im Flug. Auch die Mitarbeitenden sind voller Elan dabei.

Warum aus so einer Situation heraus nicht ein neues Projekt im Mädchentreff starten. Nein, nicht jeder Mädchentreff soll jetzt eine TeenDance-Gruppe werden. Auf keinen Fall, aber vielleicht wäre es einmal eine gelungene Abwechslung, drei oder vier Gruppenstunden damit zu füllen, einen Tanz (oder auch zwei) einzuüben. Auf die oben genannte Situation müsst ihr gar nicht warten. Vielleicht möchtet ihr euer Programm einfach verändern und schlagt diese Idee den Mädchen vor. Kompetenzen sind sicher genügend da. Überlegt doch mal, welche eurer Mädchen im Tanzen besonders fit sind oder ihr holt euch professionelle Hilfe von den Trainerinnen bei TeenDance. Ich bin mir sicher. Es lohnt sich für euch und eure Gruppe. Schön ist auch, dass gerade die Mädchen, die sonst nie in eine Teen- Dance-Gruppe gehen würden, da sie sich nicht so gewandt, musikalisch etc. fühlen, hier in einem geschützten Rahmen Neues ausprobieren können.

Und hier noch eine kleine Ermunterung: Auf einer Mädchenfreizeit wollten wir im Rahmen der Frühgymnastik einen Tanz einüben. Und was geschah? Die Mädchen waren so heiß auf den Tanz, dass sie in jeder Mittagspause geübt haben. Eigentlich hatten nur zwei Mädchen den Tanz von der Mitarbeitenden gelernt, aber beim Abschlussabend tanzten alle Mädchen mit.

Konfirmanden

Was man während der Konfirmanden-Zeit tun kann, um eine TeenDance-Gruppe zu gründen:
Ein Tanzworkshop beim KonfiCamp, Konfitag, auf der Konfifreizeit mit dem Ziel: TeenDance kennen zu lernen.
Einen Tanz einstudieren, um diesen während der Konfirmandenarbeits-Zeit aufzuführen.
Falls mehr Zeit vorhanden ist, können sich interessierte Konfirmanden selbst eine Choreographie ausdenken und diese einüben und aufführen.
Die Mitarbeitenden für eine TeenDance-Gruppe sollten schon während der Konfirmandenarbeits-Zeit Kontakt zu den Konfirmanden haben. Sie finden so schnell heraus, ob unter den Konfirmanden etliche sind, die tanzfreudig sind.

Handlungsorientierte Gruppe

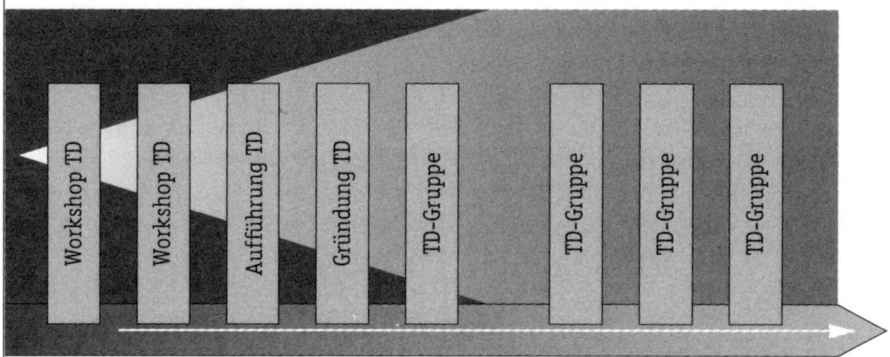

Die Mitarbeitenden sollten (bei Interesse der Konfirmanden) früh signalisieren, dass sie gerne eine TeenDance-Gruppe gründen wollen. Die Gründung kann schon während der Konfirmandenarbeits-Zeit erfolgen. TeenDance wird nie alle Konfirmanden ansprechen, aber in der Regel tanzen viele Jugendliche sehr gerne.

Wichtig ist, dass die Konfirmanden schon während ihrer Konfirmandenzeit TeenDance als Methode erleben und die Ehrenamtlichen, die die TeenDance-Gruppe gründen wollen.
So bekommen die tanzbegeisterten Jugendlichen Lust über die Konfirmandenzeit zusammenzubleiben.

TeenDance-
Seminare, Festivals, Freizeiten gestalten

8

TeenDance-Wochenendseminare

TeenDance-Seminar vor Ort

TeenDance-Festival

Brücken schlagen zwischen Freizeiten und Gruppenarbeit

8 TeenDance-
Seminare–Festivals–Freizeiten gestalten

TeenDance hat sich in den letzten Jahren eine eigene Szene in der Gruppenarbeit geschaffen. Die Zeiten in denen in Gemeindehäusern und Vereinen das Tanzen verpönt war, sind vorbei. Es wird getanzt! Das belegen die aktuellen Jugendstudien. Die Frage, die sich stellt, heißt: Wann und Wie. Bisher ist die Gruppenarbeit beschrieben worden. Im nächsten Kapitel tragen wir einer tiefgreifenden Veränderung Rechnung, die an vielen Stellen noch ignoriert wird.

Gruppenarbeit steht vor der Veränderung, dass die Zeiten in denen regelmäßig Treffen statt fanden, immer knapper wird. Zum größten Teil tragen die veränderten Bildungspläne und der Umbau zur Ganztagsschule den Löwenanteil dazu bei. TeenDance arbeitet an vielen Stellen in Kooperation mit der Schule, ohne in der Schule aufzugehen. Parallel entdeckt die konsumorientierte Wirtschaft immer mehr das Potenzial junger Klienten. Wo es früher ein Angebot für Jugendliche vor Ort gab, gibt es nun eine ganze Palette bunt schillernder Angebote für die (Rest-) Freizeitgestaltung.

Das ist unser Profil:

- TeenDance ist eine Form der Gruppenarbeit mit und für Jugendliche – Beteiligung pur.
- TeenDance vermittelt Werte und lebt von Beziehungen.
- TeenDance ist kein Produkt, das Geld kostet.
- TeenDance lebt von dem Potenzial, das Jugendliche einbringen.

Diese Entwicklung der knapper werdenden Zeitfenster für die Gruppenarbeit, fordert uns zu neuen kreativen Formen von Jugendarbeit heraus. In den nachfolgenden Kapiteln zeigen vier verschiedene praxiserprobte Modelle, was alles möglich ist. Was alle Ideen unterstützt hat, ist die Erfahrung, dass sich immer wieder ältere Trainerinnen für ein Wochenende oder einen Seminartag eher Zeit freischaufeln, als für ein wöchentliches Treffen. Seht die vier Modelle auch als Ergänzung und oder Highlights zum Gruppenalltag, der immer wieder solche Kicks braucht.

TeenDance - Wochenendseminare

Was ist das?
Wie der Name schon sagt, bedeutet es ein Wochenende lang „TeenDance pur".
Da wird getanzt bis zum Muskelkater, geredet - über sich, die anderen, Gott und die Welt, viel Neues gelernt und danach viel Motivation für die eigene Gruppe mit nach Hause genommen.
Solch ein Grundlagenseminar findet im Evangelischen Jugendwerk in Württemberg normalerweise 2x pro Jahr statt (meistens im Frühjahr und im Herbst). Kontakt: www.teendance.de.

Die Vision

Vielleicht fragen sich manche, was soll das Ganze? Braucht es das wirklich?
Die Erfahrung zeigt: Ja, es ist sehr wichtig.
Es ist unglaublich, wie viele Freundschaften auf einem Seminar geschlossen und vertieft werden. Ein Netzwerk aus lauter tanzbegeisterten Jugendlichen entsteht.
Wie schön ist es, nach einem Seminar die strahlenden und begeisterten Gesichter zu sehen. Und die Begeisterung überträgt sich auf die Gruppe zu Hause. Oder es entsteht plötzlich der Wunsch in vielen Herzen, eine eigene TeenDance-Gruppe zu gründen.

Viele kommen auch extra mit dem Vorsatz auf ein Seminar, danach eine Gruppe zu starten. Auf dem Seminar bekommen sie außer vielen neuen Tanzschritten auch noch Ideen mit, wie sie ihre Gruppe gestalten können. Und sie finden in uns Ansprechpartner, die da sind, wenn's mal klemmt.
Das eigentlich Schönste ist: Gott ist erlebbar. Was bisher vielleicht nur graue Theorie war, wird real. Natürlich geht das auch im Alltag, keine Frage. Trotzdem brauchen viele erst den Anstoß in Gemeinschaft.

Unsere Vision ist es, junge Menschen zu Gottes Vaterherz zu führen, soweit es in unserer Macht liegt. Ihnen ihre Gaben aufzuzeigen und sie darin zu fördern. Und wir wollen unsere Herzen für sie öffnen, damit wir ihnen Freunde sein können.

Wie kann so ein Wochenende konkret aussehen?

Exemplarisches Programm eines TeenDance-Seminars.

FREITAG	
ab 17:00	Anreise Teilnehmende – Check in
18:00	Abendessen
19:30	Welcome – Kennen lernen – Warm-up
	– Vorstellung der einzelnen Tanz-Workshops
20:45	Tanz-Workshop (bis 22:15)
22:30	Tagesabschluss

SAMSTAG	
8:00	Stille Zeit (Angebot)
8:15	Frühstück
9:15	Impuls
10:00	Tanz-Workshops
12:30	Mittagessen
14:30	Praxistipps
15:30	Workshops mit Kaffee-Pause
18:00	Abendessen
	Talkshops
20:30	Im Haus geht's rund: „Bunter Abend"
23:00	Tagesabschluss (anschließend noch „Praise")
SONNTAG	
8:45	Frühstück
9:45	Werkstatt-Gottesdienst
11:15	Tanz- Workshops
12:30	Mittagessen
13:00	Packen - Putzen
14:00	Stehkaffee / Präsentation
15:00	Abfahrt

Bisher war das die grobe Planung der Seminare.
Einzelne Zeiten, sowie verschiedene Programmpunkte können sich natürlich individuell verschieben oder auch ganz weggelassen werden.

Die Vorarbeit

9 – 12 Monate vorher:

Leitungsteam festlegen
Die Buchung des Hauses kann man gar nicht früh genug erledigen, manche Häuser sind erschreckend schnell ausgebucht. Das Haus sollte viele Aufenthaltsräume haben, die zum Tanzen geeignet sind. Gut sind immer glatte Böden, am besten in großen Turnhallen. Manche Fitnesscenter stellen auch gern für Werbezwecke ihre Trainingsräume, meistens sogar mit Spiegel, zur Verfügung.

Wenn die Raumfrage erledigt ist, solltet ihr das Seminar kalkulieren. Als Kostenausgaben gelten: Haus, Nebenkosten, Anfahrt der Mitarbeitenden, evtl. Honorare, Verpflegung, Vorbereitungsausgaben, Material, Werbekosten. Als Einnahmen schlagen zu Buche: Sponsoringgelder, Zuschüsse vom Landesjugendring und anderen Stellen.

6 Monate vorher:

Ausschreibung machen
Werben - Es ist wichtig, rechtzeitig Werbung zu machen.

Doch keine Panik, wenn sich die Jugendlichen erst sehr spät anmelden. Viele kommen wirklich auf den letzten Drücker. Schiebt deshalb den Anmeldeschluss nicht ganz nach hinten raus, sonst kann es sein, ihr wisst bis kurz vorher nicht, wie viele denn tatsächlich kommen.

3 Monate vorher:
Workshopleitende suchen,
Küchenmitarbeitende suchen (wenn ihr in einem Selbstversorgerhaus seid)

6 - 8 Wochen vorher:
Programm festlegen,
Aufgaben verteilen

3 - 4 Wochen vorher:
Anmeldeschluss,
Infobrief an Teilnehmende verschicken

1 – 2 Wochen vorher:
Mit Mitarbeitenden reden, wo sie Hilfe brauchen, ob ihnen alles klar ist usw.
Nähere Details mit Haus abklären z. B. Wie kriegen wir den Schlüssel, wie müssen wir das Haus hinterlassen, wann müssen wir spätestens raus, Hausabnahme usw.
Besorgungen machen.

Je nach Situation müssen manche Dinge früher erledigt werden als hier beschrieben, manche dagegen haben etwas länger Zeit. Das ist auch davon abhängig, ob das Seminar vom Bezirk oder vor Ort organisiert wird.

Mögliche Workshop-Angebote im Tanzbereich

1. Streetdance/Hip-Hop
Dieser Workshop ist oft am gefragtesten. Deshalb lohnt es sich, je nach Anzahl der Teilnehmenden einen Anfänger- und einen Fortgeschrittenen-Workshop anzubieten. Wenn die Gruppen so unterschiedlich zusammengewürfelt sind, ist es für die Leitenden sehr schwierig auf alle individuell einzugehen und den Bedürfnissen des Einzelnen nachzukommen. Dann wollen die einen schon weiterlernen, die anderen können kaum den ersten Schritt. Wenn man unter Leuten ist, die auf dem gleichen Stand sind, tut das der Atmosphäre im Workshop sehr gut.

2. Breakdance
Auch hier könnt ihr vorher nicht wissen, was die Leute drauf haben. Doch ist im Breakdance - Workshop noch eher die Möglichkeit gegeben, die Moves mit Einzelnen zu trainieren als in einem, in dem nur Choreographie gelernt wird.
Oder warum nicht einen Co-Leiter unter den fortgeschrittenen Teilnehmenden auswählen?

Oft ist es schwierig bei Seminaren die Breaker mit ins Boot zu holen. Da habt ihr vor Ort größere Chancen. Versucht mit „Keypersons" zu arbeiten. Das sind Leute, die einen guten Draht zur Breaker-Szene haben und Freundschaften mit ihnen pflegen. Solche Leute sind als „Motivator" wichtig, die die Jugendlichen mitziehen.
Ohne solche Kontakte gestaltet es sich schwieriger an die Breaker heranzukommen und sie für ein Seminar zu motivieren.

3. Lyricaldance
Wie am Anfang des Buches schon erwähnt, geht es hier um die Umsetzung des Textes und der Message eines Songs. In welchem Tanzstil das passiert, ist natürlich Lehrer-abhängig. Feel free...

4. Jazzdance (oder andere Tanzstile)
Warum nicht mal eine ganz neue Richtung ausprobieren und jemanden einladen, der das unterrichten kann? Vorher wäre es allerdings gut zu wissen, ob auf Seiten der Teilnehmenden Interesse besteht. Sonst kommt der Leitende noch umsonst, das wäre schade.

5. Tanzentwicklung
In diesem Workshop wird keine fertige Choreographie beigebracht, sondern es wird gemeinsam eine entwickelt. Das kostet natürlich mehr Kraft und Geduld, ist aber genau das, was die Jugendlichen auch in ihren Gruppen praktizieren sollen. Hier ist also goldrichtig, wer nicht nur Neues lernen will, sondern erleben möchte, wie das aussehen kann, wenn man mit anderen zusammen eine Choreographie erarbeitet.

Mögliche Workshop-Angebote im theoretischen Bereich:

- Wie starte ich eine Gruppe?
- Verkündigung in der Gruppe
- Warm-up-Ideen
- Tipps zum Thema: Liedauswahl, Liedanalyse, Dokumentation eines Tanzes
- Kaffeeklatsch mit xy: Austausch über Freud und Leid der eigenen Gruppe

Diese Workshops bedürfen keiner weiteren Erklärung. Die Inhalte, die vermittelt werden können, findet ihr in den entsprechenden Kapiteln dieses Buches.

Ihr könntet auch ein Angebot machen für Leute, die einfach nur Pause brauchen. Zum Beispiel gemeinsam Basketball spielen, oder ein paar Anbetungslieder singen. Eurer Phantasie sind keine Grenzen gesetzt. Behaltet bei eurer Planung die Jugendlichen im Auge. Wenn ihr sie kennt, umso einfacher ist es. Hinterfragt euch immer wieder. Was brauchen die Jugendlichen? Bekommen sie das oder planen wir an ihren Bedürfnissen vorbei? Was interessiert sie?

Mit diesen Gedanken im Hinterkopf kann dann eigentlich nichts mehr schief gehen...

TeenDance-Seminar vor Ort

Eine Gruppe starten

Wenn du eine Gruppe starten willst und dir einfach die Masse an Mittänzern fehlt, ist der beste Tipp, den ich dir geben kann, einen Seminartag durchzuführen. Dazu braucht es natürlich eine Menge Know-how, die ein Mensch allein einfach nicht zur Verfügung hat. Deshalb erst mal Partner finden. Der erste Weg führt dich dann zum Zuständigen des nächsten CVJM oder zu einem hauptamtlichen Mitarbeitenden in deinem Jugendwerk. Wenn es bei dir beides nicht gibt, dann gibt es zumindest ein Pfarramt bzw. ein Kirchengemeinderatsmitglied das für die Jugend vor Ort zuständig ist. Wenn du von der Idee begeistert bist und das Wissen aus diesem Buch mitbringst, schaffst du es, andere Menschen von der Idee zu begeistern. Übrigens, falls du lieber mit einem Sportverein zusammenarbeitest, steht dem auch nichts im Wege. Wertorientierte Jugendarbeit wie TeenDance hat noch niemandem geschadet.

Spaß bei Seite, es ist eigentlich das Wichtigste, Partner vor Ort zu finden, die sich TeenDance auf die Fahne schreiben und dich unterstützen. Im Anhang findest du auch Adressen von überregionalen Stellen, die Tanzarbeit im Sinne von TeenDance unterstützen. Und zu guter Letzt sind wir natürlich auch interessiert, dich so gut es geht zu unterstützen und in das Netzwerk von TeenDance aufzunehmen.

TeenDance - god's Vision inside

Dass Jugendliche ihre Gaben, Fähigkeiten und ihre Beziehung zu Gott entdecken und dies alles zusammen leben, ist die Vision, die TeenDance trägt. Wenn ich in der Bibel lese, finde ich diesen Wunsch auch bei Gott, der jeden Menschen geschaffen hat. „Lasst uns Menschen machen, ein Bild, das uns gleich sei..." Gen. 1,26 + 27. Diese Ebenbildlichkeit, das Gegenüber-von-Gott sein, ist der Wunsch Gottes und unsere Berufung.

Der TeenDance-Seminartag kann als Modul unterschiedlich eingesetzt werden: Als Starter für TeenDance, als Abschluss einer Projektwoche an der Schule, am Ende einer Freizeit oder als Highlight im TeenDance-Alltag. Das Ziel ist immer das Gleiche: Beim Seminartag wird innerhalb einer sehr gefüllten Zeit das Können und das Wissen weitervermittelt. Hier wird die Idee weitergegeben, wie der Alltag einer TeenDance-Gruppe aussehen kann. Der Seminartag hat noch zwei Attribute die ihn auszeichnen: viel Spaß und viel Schweiß.

Vorarbeit

Jeder Kuchen braucht ein Rezept oder viel Erfahrung, wenn es schmecken soll. Was braucht ein Seminartag?

Raum

Die Räumlichkeiten sind das A und O.

Eingang

Der Eingang ist das Portal und der erste Eindruck entscheidet über die Atmosphäre des Tages. Die Teilnehmenden kommen rein, werden einzeln begrüßt, bekommen einen Snack angeboten, tragen sich in die Zuschusslisten ein und wählen ihr Essen für die Mittagspause. Hier wird das Eis gebrochen und es animiert dabei zu sein. Sucht dazu einen hellen, gut ausgeleuchteten Raum. Leise Musik und Plakate oder eine Spiegelwand, die zum Tanzen animieren. Evtl. könnt ihr auch per Beamer einen Film (siehe Materialien und Links) laufen lassen.

Aufenthaltsraum

Der sollte so groß sein, dass sich alle Teilnehmenden und Trainer darin gut aufhalten können. Hier werden die Workshops eingeteilt, zusammen gegessen, wichtiges ausgetauscht und die Pausen verbracht. Also für genügend Sitzfläche sorgen und ein Ambiente schaffen, das einlädt auszuruhen.

Mitarbeitendenraum

Da der Seminartag morgens beginnt, brauchen die Mitarbeitenden vor Ort und die Mitarbeitenden, die dazu kommen einen Raum. Hier wird zusammen gefrühstückt, der Tag besprochen und abends noch reflektiert. Hier lagern natürlich alle Wertgegenstände und Materialien der Mitarbeitenden.

Workshop-Räume

Pro 10-15 Teilnehmende braucht es einen Raum in dem der Workshop stattfindet. Wir haben bisher keinen Seminartag erlebt, der nicht mindestens 40 Teilnehmende hatte.
Tipp: Wenn es bei dir vor Ort ein Fitnesscenter geben sollte, ist das von den Räumlichkeiten her natürlich der ideale Ort für ein TeenDance Seminar. Hier findet ihr in der Regel Räume mit Spiegelwänden und allem was das TeenDance-Herz begehrt und die Besitzer sind für jede Art der Werbung für ihr Center froh. Ein fröhliches und mutiges Verhandeln.

Zeit

In der Regel reichen 1-2-stündige Vorbereitungen und ein ganzer Tag für den Seminartag. Dazu kommen die Aufgaben, die die einzelnen Mitarbeitenden erledigen. Hier gibt es zwei verschiedene Bereiche:

1) Mitarbeitende vor Ort kümmern sich im Vorfeld um das Ambiente. D. h. wo gibt es die gewünschten Räume, Tische und Stühle müssen umgestellt, Getränke organisiert

und der Kontakt zu einem Küchenteam bzw. zum Pizza-Express sollte hergestellt werden. Was noch wichtiger ist, ist die Werbung. Letztendlich liegt es an der Werbung, ob der Seminartag von den Anmeldungen her ein Erfolg wird.
Auf dem Seminar schlüpfen die Mitarbeitenden in die Rolle der Trainer oder aber auch der Teilnehmenden und schauen nebenher, dass alles am Laufen bleibt (Essen, Trinken, Präsentation etc.). Was während des Seminars nicht vergessen werden darf, ist die Kontrolle der (Zuschuss-)Listen.

2) Mitarbeitende der Tanz-Seminare kommen oft von außerhalb. In der Zwischenzeit gibt es ein weites Netz an Trainer/innen, die gerne, gegen ein kleines vereinbartes Honorar, zu einem Seminar kommen teendance@ejwue.de hilft euch in der Vermittlung gerne weiter). Meistens erarbeiten diese die Tänze, im Unterschied zu den normalen TeenDance-Gruppenstunden, im Voraus. Ihre Aufgabe ist es, den Teilnehmenden an diesem Tag viel Inspiration und Wissen zu vermitteln. Wer einen Tanz schon mal choreographiert hat weiß, wie viel Arbeit darin steckt ihn zu entwickeln und ihn dann den Teilnehmenden, (die man noch nicht kennt,) weiterzugeben. Wenn vor Ort natürlich genügend Potenzial im Trainerbereich da ist, gibt es den Tipp: Nützt es!

Werbung
Wer hier mit 20-30 Flyern im Konfiunterricht wirbt, hat verloren oder muss heftigst um ein Wunder bitten. 600 Flyer sind eine gute Zahl, um effektiv an Schulen und in öffentlichen Räumen zu werben. Dazu dienen auch 20-50 Plakate die dort aufgehängt werden, wo es ausdrücklich von den zuständigen Personen erlaubt wurde. Bitte nicht auf vermietete Plakatwände aufkleben, die Rechnung die von dort kommt, übersteigt das Taschengeld der nächsten Jahre.
Das Ganze wird unterstützt durch den TeenDance Film, der auf der CD-Rom hinten im Buch zu finden ist. Diesen im Konfirmandenunterricht, an Schulen in Pausen oder im Unterricht zu zeigen, ist gut investierte Werbezeit. Zeitungen haben oft Interesse, auch im Voraus schon von einem Ereignis zu berichten. Das macht die Zeitung aktuell und hilft euch in den Blickwinkel eurer Zielgruppe zu kommen. Zuletzt und doch am wichtigsten ist nach wie vor die persönliche Einladung. Bitte strapaziert eure Hosentaschen und die Gemütslage eurer Mutter, wenn ihr sie mit Flyern füllt. Ihr werdet staunen, wie viele Orte und Möglichkeiten es gibt die Flyer loszuwerden.

Finanzen:
Das Seminar lebt von den öffentlichen Zuschüssen des Kreis-, Landes-, und Bundesjugendplans. In vielen Orten oder Gemeinden gibt es nochmals andere Zuschüsse. Besonders unterstützt werden auch strukturell benachteiligte Gebiete oder ländliche Gebiete. Zu guter Letzt lohnt es sich bei Fördervereinen, Vereinen oder der Kirchengemeinde nachzufragen, wie sie den Seminartag unterstützen können. So manches Fitnesscenter oder manche Fahrschule kann euch vielleicht auch unterstützen – Fragen lohnt sich.
Insgesamt ist der Seminartag aber noch nie eine Risikogeldanlage gewesen, da es kaum Ausgaben gibt und vieles Verhandlungssache ist. Oft bleibt sogar noch Geld für die erste Musikanlage der ersten TeenDance-Gruppe übrig.

Planung

Wir haben dieses Frageraster entwickelt, um Seminare mit 1-2 Treffen vorzubereiten:

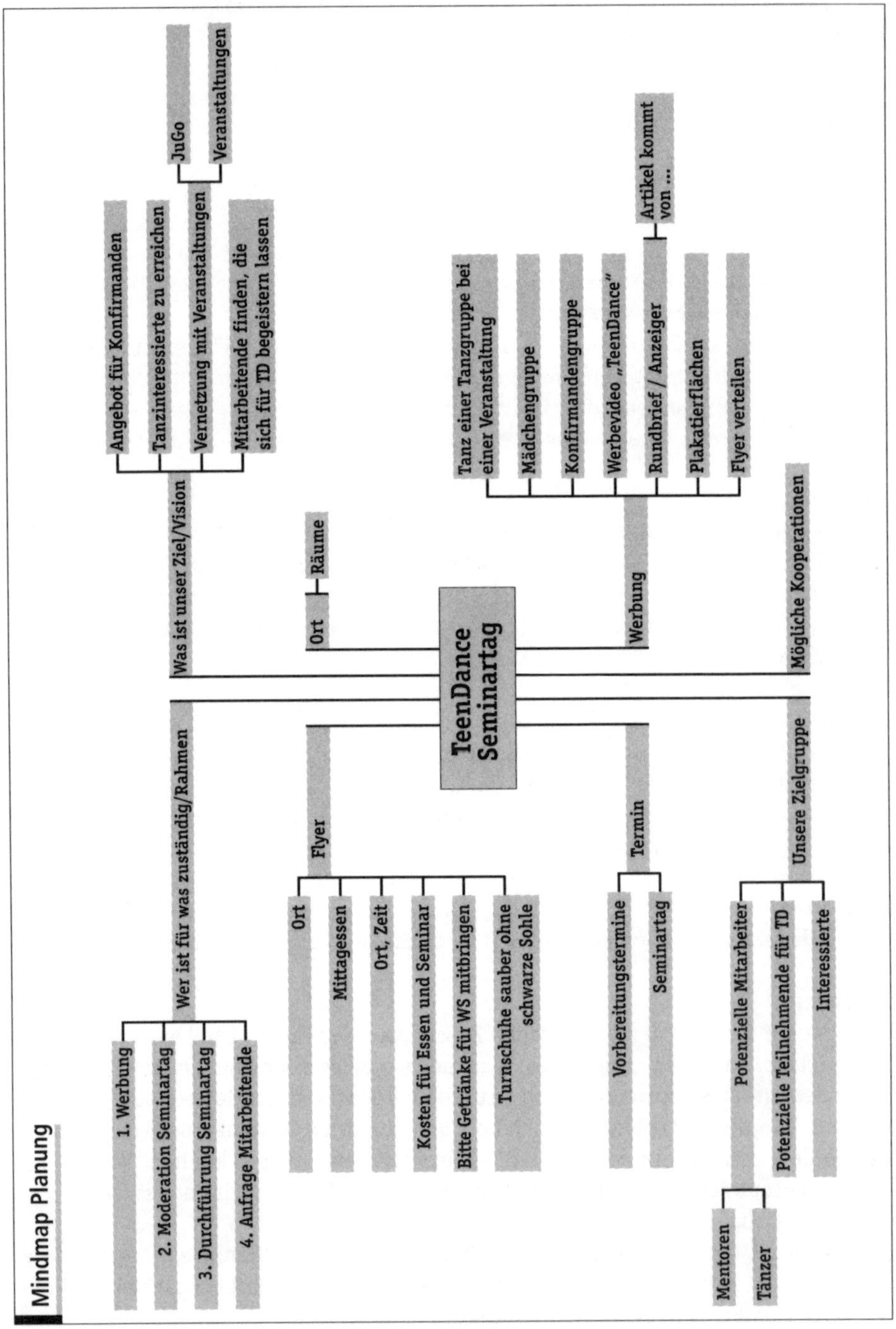

Durchführung

Weiterarbeit steht allen gut, die die Dynamik des Seminartages für sich nutzen wollen. Erfahrungsgemäß ist es die nächste Woche, die effektiv genutzt werden kann, um Gruppen zu gründen oder mit einer erweiterten Gruppe ein neues Tanzprojekt anzugehen.

Wenn du nachhaltig arbeiten möchtest, ist es gut während des Vorbereitens dir und den Anderen immer wieder klar zu machen, was das weitere Ziel ist. Um die Energie, die auf dem Seminartag frei wird, effektiv zu nutzen wird ein gutes Konzept benötigt, welches schon im Voraus vorbereitet werden sollte und Zeit braucht.

Mindmap Durchführung

- 9:30 Uhr Ankommen
  - Liste, Begrüßung
- 10:00 Uhr Einstieg
  - Seminarleiter stellen Seminar 1 und selbst vor
- 10:30 Uhr Einstieg
  - Tanzworkshops
    - Hip-Hop
    - Jazzdance
    - Streetdance
    - Lyricaldance
    - Breakdance
    - Stamp
- 13:00 Uhr Mittagessen
  - Plakatwände
    - Wer bietet Gruppen an
    - Wer möchte in eine Gruppe einsteigen
  - Seminarleiter stellen Seminar 2 /3 vor
- 14:00 Uhr Seminar 2
  - Kurzes Seminar
    - Tanz, Message und Gebet
    - Teilnehmende begleiten
    - Hip-Hop
    - Breakdance
    - Warming up
    - Gottes Kreativität anzapfen
    - TD Gruppen gründen
    - Tänze choreographieren
- 15:00 Uhr Kaffeepause
- 16:00 Uhr Seminar 3
  - wie Seminar 2
- 18:00 Uhr Abschluss
  - Mit Eltern
  - Wie gehts weiter
  - Lieder

TeenDance-Festival

In regelmäßigen Abständen wird vom Evangelischen Jugendwerk in Württemberg ein TeenDance-Festival organisiert (1-2 Mal im Jahr). Es nehmen Gruppen aus ganz Baden-Württemberg daran teil.
Meistens ist es in ein größeres Event eingebunden (z. B. Jugendtag in Stuttgart, Mitarbeitendentag für Jugendgottesdienste (Powerday in Unterweissach) u.a.)

Was ist ein TeenDance-Festival?

Ein solches Festival ist eine Art Wettbewerb für Tanzgruppen. Prinzipiell können alle teilnehmen, die Spaß daran haben. Auch jeder Tanzstil ist herzlich willkommen.
Die Gruppen werden von der Moderation vorgestellt und begrüßt. Dann erfolgt die Präsentation des Tanzes. Da sind die unterschiedlichsten Dinge dabei. Es ist richtig spannend zu sehen, was die Jugendlichen alles erarbeitet haben.
Anschließend kann die Gruppe noch etwas von sich erzählen. Die Form ist oft ein Interview. Natürlich kann das Interview auch vor der Performance sein. Nur ist danach die Aufregung vorbei, und es ist viel entspannter für die Tänzer. Deshalb haben wir uns für diese Reihenfolge entschieden.
Die Tanzgruppen werden von einer fachkundigen Jury bewertet, die vorher den Tanzenden und dem Publikum vorgestellt wird.
Wer gewinnt, darf den TeenDance-Wanderpokal mit nach Hause nehmen. Natürlich gibt es auch für die Zweit- und Dritt-Platzierten attraktive Preise.

Warum ist ein Festival sinnvoll?

Ein Festival schafft eine Plattform, wo sich die Tanzgruppen untereinander kennen lernen können. Vielleicht ist man sich auf einem Seminar schon mal begegnet und nun trifft man sich wieder. Dadurch werden Freundschaftsbande geknüpft.
Man tauscht sich aus, lernt Neues dazu und berät sich gegenseitig. Daraus kann ein Netzwerk entstehen, in dem man sich gegenseitig kennt und voneinander lernt.
Aber nicht nur nach außen hin passiert was, sondern auch in der Gruppe.
Es ist ein tolles Erlebnis, wenn man zusammen auf etwas zufiebert und an der Performance feilt bis sie perfekt ist. So ein Event stärkt die Gemeinschaft enorm.
Man hat ein gemeinsames Ziel. Ein Ziel, für das man mehr tun muss als für einen gewöhnlichen Auftritt. Das fordert heraus.
Die Jugendlichen lernen mit Erfolg oder auch mit Niederlage umzugehen. Ein Festival kann man nur gewinnen, wenn alle an einem Strang ziehen. Der Eine ist genauso wichtig wie der Andere. Keiner kann es allein.
Das Gesamtbild muss stimmen und es hilft nicht, nur einen „Star-Tänzer“ zu haben.

Praxiserfahrungen zur Vorbereitung

Rahmen: Die ersten Überlegungen überhaupt sollten sein, in welchem Rahmen solch ein Festival stattfinden soll. Die Erfahrung zeigt, dass es einfacher ist, wenn schon ein gewisser Rahmen vorgegeben ist und man nicht aus dem Nichts heraus alles organisieren muss.
Wie oben erwähnt finden im Evangelischen Jugendwerk in Württemberg die Festivals

in Verbindung mit anderen Events statt. Das war nicht immer so. Doch ist es in vielerlei Hinsicht die günstigere Variante.
Einige Jugendliche wollen zu der Veranstaltung vielleicht sowieso hin. Da das Festival auch dort ist, nehmen sie eben daran teil. Für viele unserer Gruppen ist es schwer irgendwo hinzukommen, weil noch niemand volljährig ist. Für sie ist es einfacher, wenn diese beiden Dinge auf einen Termin fallen.
Nicht zu unterschätzen ist auch die öffentliche Wirkung. Einen Tanzmuffel wird kaum einer überreden können zu einem Festival zu fahren. Wenn ein Festival aber im Programm ist, bleibt man schon mal da und schaut es sich an.
Wir sind präsent. Dadurch bleiben wir nicht nur ein kleiner Insider-Kreis, sondern ziehen Kreise nach außen. Hier und da werden Kontakte geknüpft. Interessierte kommen auf einen zu. Suchende können vermittelt werden. Neues entsteht.
Ebenso ist es auch für die Tanzenden interessanter, wenn das Publikum nicht nur aus „Konkurrenz" besteht, sondern aus neutralen Zuschauenden.
Als Veranstalter hat man nicht das große Bemühen um ein Publikum, denn im günstigsten Fall besteht schon eines.

Werbung: Es ist sehr wichtig gut Werbung zu machen. Manche Festivals laufen gut und sind „ausgebucht", andere wiederum gar nicht. Bisher kann man noch nicht sagen, warum welcher Fall eintritt.
Macht eine klare Ausschreibung mit genauen Angaben der Uhrzeit, Kosten Startgebühr, Räumlichkeit usw. Die beste Werbung besteht natürlich aus persönlicher Einladung. Das kann mündlich passieren oder dadurch, dass ihr die Gruppen vor dem Festival anschreibt.
Zudem ist es gut, wenn sich die Gruppen anmelden müssen. Das verhindert, dass man zu gegebener Zeit mit nur zwei Tanzgruppen dasteht. Bei zu geringer Anmeldezahl sagt das Festival lieber ab, statt es gezwungen durchzuziehen. Der Reiz eines Festivals sollte erhalten bleiben.

Jury: Wählt eure Jury bewusst aus. Es ist wichtig, dass die Mitglieder selbst schon viel Tanzerfahrung gesammelt haben, das Gefühl auf der Bühne zu stehen kennen und auch ein gutes Urteilsvermögen besitzen.
Bestenfalls kennen sich die Leute in jeweils anderen Sparten des Tanzens aus.
Da gibt es dann einen, der die Break-Einlagen besser beurteilen kann als die, die seit vielen Jahren Jazz-Unterricht hatten. Und die Hip-Hoperin sieht alles wieder mit ganz anderen Augen.
Diese Differenzierung ist notwendig, da ihr noch nicht wisst, welche Tanzgruppen sich anmelden und was sie auf Lager haben. Und wenn dann eine Jazzdance-Gruppe von lauter Breakern bewertet wird, ist das nun mal nicht Sinn der Sache.
Die Jugendlichen brauchen das Wissen, dass sie gerecht und stilgemäß bewertet werden.
Die Bewertungskriterien sollten für alle klar sein. Dazu kann es hilfreich sein, wenn ihr euren Bewertungsbogen und die Kriterien vorher an die Jurymitglieder verschickt. So hat jeder die Möglichkeit es sich in Ruhe durchzulesen und sich Gedanken zu machen.

Natürlich könnt ihr die Bögen der Jury auch erst vor dem Festival abgeben, aber das ist um einiges chaotischer und Kleinigkeiten werden leichter übersehen.

Hier ein Beispiel für einen Bewertungsbogen und mögliche Bewertungskriterien. Bedenkt auch, ob ihr Urkunden verteilen wollt.

Bewertungsblatt Jury/TeenDance Festival (es werden Punktzahlen von 1-5 vergeben)

	Ausdruck etc.	Choreo. etc	....	....	Summe
Gruppe 1					
Gruppe 2					
Gruppe 3					
Gruppe 4					
Gruppe 5					
Gruppe 6					

Mögliche Bewertungskriterien:

Choreographie
Gab es Aufstellungswechsel? Verschiedene Raumwege? Wie war die Raumaufteilung?
Wurden verschiedene Ebenen (hoch-tief, stehend–auf Boden) einbezogen?
Gab es viele Bewegungswechsel oder wurde eine Bewegung häufig wiederholt?
Gab es Tempowechsel, Dynamik?

Inhalt
Was war die Aussage des Tanzes? erkennbar? nicht erkennbar? Gab es überhaupt eine Aussage?

Schwierigkeit und Synchronität
hohe Schwierigkeit = viele Bewegungswechsel,
schnelle Bewegungsfolgen + sehr synchron = hohe Punktzahl

Ausdruck
Wie ist der Kontakt zum Publikum? Blickkontakt? Dialog?
Was kommt rüber? Wie reagiert das Publikum?

Tanzgruppen

Einige Tage vor dem Festival ist es angebracht, den angemeldeten Gruppen nochmals eine Bestätigung mit den letzten Informationen zu schicken.
Dazu gehören:
Uhrzeit & Dauer
Startgebühr
Treffpunkt aller Tanzgruppen kurz vor dem Festival
Dinge, die sie nicht vergessen sollten
Vorgabe, wie lang jede Gruppe Zeit hat
eventuell den geplanten Ablauf des Festivals

Moderation
Nachdem die Anmeldungen eingegangen sind, sollte sich die Moderation Gedanken über die Reihenfolge und den Ablauf machen. Vorstellung, Performance und Interviews wollen geplant werden. Hauptsächlich geht es um die Überlegung von Interviewfragen und eine grobe Vorstellung des Ganzen.
Das Meiste muss dann aber spontan gemacht werden.

Durchführung

Letzte Vorbereitungen

- Jury: Nun ist es an der Zeit einen geeigneten Platz für die Jury zu suchen. Hoch genug um alles zu sehen und am Besten frontal zur Bühne. Von der Seite wirken viele Schritte ganz anders.

- Kurzer Check: Haben alle ihre Bögen? Urkunden?

- Tanzgruppen: Ein lieber Mensch, der vor dem Auftritt nochmal einen kurzen Treff macht, bei dem allerletzte Infos weitergegeben werden, gecheckt wird, ob alle Gruppen anwesend sind, abgeklärt hat, wo sich die Tänzer umziehen können und manch beruhigendes Wort ausgesprochen wird, kann Wunder bewirken. Und für die Moderation ist es viel entspannter, da sie nicht auch noch danach schauen muss.

- Moderation: Für die Moderation ist es hilfreich, wenn sie im Voraus weiß, ob wirklich alle Gruppen eingetroffen sind.

Am Anfang kann auch ein gemeinsamer einfacher Tanz die Atmosphäre aufheitern. Achtung, in der Jurybewertungspause ist immer eine Lücke zu füllen. Macht euch da vorher schon Gedanken. Es kann manchmal länger dauern als einem lieb ist, deswegen solltet ihr da genug parat haben.

Wer überreicht die Preise? Wer überreicht den Pokal? Jemand von der Gruppe, der das letzte Mal gewonnen hat?

Wenn ihr diese Dinge alle beachtet, kann eigentlich nicht mehr viel schief gehen.

Aber auch hier gilt wie bei vielem: Übung macht den Meister. Probiert es aus!

Brücken schlagen zwischen Freizeiten und Gruppenarbeit

Bei Freizeiten und Gruppenarbeit treffen Welten aufeinander. Es stimmt – viele, die Gruppenarbeit gestalten, bieten im Sommer Freizeiten an. Aber mal ehrlich, gibt es eine Brücke zwischen den zwei Welten oder ist es eher Zufall, wenn Freizeitteilnehmende in Gruppen auftauchen (so auf verschlungenen Pfaden)?
Es ist einen Versuch Wert als Distrikt oder Bezirk - und zu so einem gehört jeder – eine Freizeitform anzubieten, die nicht in etliche Nachtreffen mündet, sondern die konsequent die (TeenDance-) Gruppe danach vor Augen hat.

Der Bedarf ist da - die Angebote auch?

53 % der Teilnehmenden auf Freizeiten sind nicht in der Gruppenarbeit. Warum? 42 % von ihnen finden einfach kein Angebot in ihrer Nähe, 29 % verstehen sich nicht mit den Leuten in der Gruppe und 33 % sagen, dass die Angebote nicht passen. Nur 30 % wollen gar nicht erst in eine Gruppe. Das heißt, mit dem richtigen Angebot oder überhaupt einem Angebot steckt hier eine Menge Potenzial.
Übrigens: Bei einer Umfrage, die 3 Monate nach einer Freizeit stattgefunden hat, wollte immer noch die überwiegende Mehrheit eine Gruppe besuchen.

Freizeitnachtreffen - Die Nabelschau von Freizeiten

„Einspruch," denkst du vielleicht, „das ist bei uns ganz anders. Wir bieten doch Freizeitnachtreffen an." Ich habe selbst viele Freizeiten geleitet und einige Freizeitnachtreffen organisiert. Zwischenzeitlich sage ich: Freizeit-NACH-Treffen sind in der Masse eine Rückschau in Vergangenheit - wo alles immer toll und voll g... war. Freizeitnachtreffen als Nabelschau, um noch ein wenig Freizeitfeeling für die Zukunft zu retten. Reicht das für die Zukunft? Reicht das für eine Gruppe, die zusammenbleibt? Mein Eindruck: Nachtreffen ist etwas, das nach hinten zieht und keinen Drive nach vorne hat. Freizeitnachtreffen werden kalkuliert nach der Frage: Was bringt es mir? Gruppenarbeit funktioniert nach dem Motto: Was kann ich bringen?

Was spricht für das Brückenbauen?

Vernetzung

Vernetzung ist zur Zeit eines der Lieblingsworte in der Arbeit mit Jugendlichen. Deshalb muss es aber nicht wirklich wichtig sein. Was bringt es?
Zumindest den 43 % der Jugendlichen, die nicht in einer Gruppe sind, aber gerne wären, das Wissen: Es gibt was! Was noch?

Neues Blut für unsere Gruppen

Nach den Sommerferien sitzt der Jugendkreis beisammen und vier neue Gesichter tauchen auf. Wer schon mal erlebt hat, wie erfrischend anders es ist, wenn einige Neue im Jugendkreis eintauchen, der weiß, von was ich schreibe. Es lohnt sich eine Frischzellenkur zu haben, bei allen Nebenwirkungen und Schwierigkeiten beim Hinzukommen von Neuen.
Besser ist natürlich noch, neue Gruppen zu gründen, mit neuen Formen in der Jugendarbeit. Es lohnt sich in unserer Monokultur neue Bäume zu pflanzen, um mit den Jugendlichen, die bei uns nichts finden, eine Plattform zu bieten. Wie geht das?

Neue Formen braucht das Land

Neue Formen sind immer interessant und herausfordernd für Mitarbeitende, die schon seit Jahren das Gleiche machen. „Ich würde gern mal was anderes machen" - ein Satz, den ich von Mitarbeitenden schon oft gehört habe. Aktive Potenzialentwicklung in der Jugendarbeit ist hier gefragt. Warum nicht die Jugendarbeitskarriere unterbrechen und mit Jugendlichen das machen, was dir selbst Spaß macht – tanzen. Hier gibt es die Möglichkeiten, mit deinem und dem Potenzial von Menschen aus dem Umfeld Gruppen zu gründen.

Freizeit als Einstieg in die Gruppenarbeit

Das will die TeenDance-Freizeit leisten. TeenDance kann nur eine Workshopreihe neben anderen (Filmen, Sportaktivitäten, Kochkurs etc.) sein oder „nur im Mittelpunkt stehen", also TeenDance pur. Wir haben beides probiert. Wichtig ist, dass von Anfang an mit der Auswahl der Mitarbeitenden und dem Erstellen des Programms das Ziel ins Auge gefasst wird, mit den Jugendlichen Gruppen zu gründen – in unserem Fall TeenDance-Gruppen.

Programm = Aktionen mit der ganzen Gruppe

Hier war vor allen Dingen Berlin mit seinen Angeboten das Kontrastprogramm zum Tanzen. Es muss nicht Berlin sein, aber ein Ort der den Mitarbeitenden viel Programmgestaltung abnimmt. Denn die Workshopvorbereitung, Durchführung und die Show selbst brauchen viel Zeit in der Vorbereitung. Deshalb bleibt nicht viel Power, um Programm in dem Maße zu planen, wie es sonst auf Freizeiten möglich ist.

Ein möglicher Aufriss der Freizeit

2003 und 2004 wurden TeenDance-Freizeiten durchgeführt. Um einige Ideen darzustellen und Lust zu machen das so erprobte Modell in die eigene Freizeitpraxis zu transportieren, findet ihr hier den Freizeitaufriss von der Berlinfreizeit 2003:

Programmgestaltung

1. Tag	Ankommen, Absprachen	Idee der Freizeit verstehen	Programm
2. Tag	TeenDance-Workshop	Programm	Workshop
3. Tag	Message/ TeenDance-Workshop	TeenDance-Workshop	Programm
4. Tag	TeenDance-Workshop	Programm	Workshop
5. Tag	Message/ TeenDance-Workshop	Freie Zeit	Programm
6. Tag	Message III	Aufführung I	Freie Zeit
7. Tag	Freie Zeit	Programm	Programm
8. Tag	TeenDance-Workshop	Programm	Freie Zeit
9. Tag	Aufführung II	Kreativworkshops	Programm
10. Tag	Programm	Freie Zeit	Message
11. Tag	Programm	TeenDance-Workshop	Programm

Workshop = TeenDance-Workshop mit Choreographie, trainieren etc. in 3 Gruppen
Hier wird alles so gemacht, wie es in jeder TeenDance-Gruppe auch passiert. Musik wird vorgeschlagen, die Jugendlichen entscheiden bei der Musik, bei der Choreographie etc mit. Hier muss im Vorfeld auf der einen Seite schon vieles von den Trainern erarbeitet werden, damit die Jugendlichen wirkliche Unterstützung erfahren.

Auf der anderen Seite ist es das Ziel, dass die Jugendlichen so viel wie möglich einbringen können. Deshalb gilt auch hier für die Mitarbeitenden, eher aus dem Hintergrund zu agieren, sich nicht in den Vordergrund zu stellen und nicht ein komplettes Programm zu präsentieren. Natürlich ist auf Freizeiten nicht die Zeit, einen kompletten Tanz zu entwickeln und einzustudieren. Die Vorlage sollte schon da sein, aber offen für Änderungen ...

Message = Inhaltliche Einheiten zum Thema der Freizeit "Identity"
„Identity – the making of" war in Berlin unser Thema. Neben den Workshops fließt hier natürlich Zeit und Kreativität hinein.
Unsere Idee, die wir mit den Teilnehmenden dann umgesetzt haben, war ein aktuelles Thema von Jugendlichen, nämlich „Identität" in der Show umzusetzen. Dazu hilft es natürlich in Meetingeinheiten auch intern in der Gruppe das Thema so praktisch wie möglich zu bearbeiten.
Diese sind dazu da, das Thema von verschiedenen Seiten zu beleuchten: Wie bin ich? Was denkt Gott über mich? Was habe ich für Gaben und Fähigkeiten? Wie ist das mit der Einzigartigkeit und dem Idolkult?

Tipps zur Freizeitgestaltung

Achtet auf eine gute Mischung von Programm, Workshops (bei denen die Teilnehmenden gefragt sind) und freier Zeit.
Am Anfang geht es darum, die Teilnehmenden zu begeistern und eine Idee zu entwickeln.

Der Schwerpunkt der ersten Tage liegt auf dem Workshop. Hier heißt es dran bleiben. Um die Mitarbeitenden besser kennen zu lernen, ist ein Mitarbeitenden-Interview genial. Dabei wird pro Abend jeweils ein Mitarbeitender zu einem Thema aus seinem Leben interviewt. Dies kann durch einen anderen Mitarbeitenden, aber auch durch Fragen aus der ganzen Gruppe geschehen.

Rituale, also sich ständig wiederholende Punkte, geben der Freizeit einen guten Rahmen. Morgens einen kurzen Impuls, nachmittags eine kurze Show, abends ein Interview, einen Abendschluss, eine Mitternachtsgeschichte oder ähnliches.
Versucht viel Zeit in Familiengruppen (Kleingruppen mit Familiencharakter) zu verbringen (Frühstück, freie Zeiten, bei Ausflügen, Kleingruppen etc.). Hier kann so etwas wie eine Keimzelle für die Gruppe nach der Freizeit entstehen.

Essen soll kein Übel sein, das das Programm unterbricht, sondern ist Kommunikation, Programm pur. Man kann essen oder mit anderen genießen. Hier auf eine schöne und gemütliche Atmosphäre zu achten, hilft Missstimmungen in der Gruppe zu entschärfen.

Wichtig kann es auch sein, „besondere" Räume zur Verfügung zu haben, wo jeder Ruhe findet, für sich sein kann, oder auch mal einen Gesprächspartner findet, um etwas loszuwerden. Das kann ein kleiner, gemütlich gestalteter Raum sein, indem z. B. ein Bett, CD-Player, ruhige Musik, Briefpapier, eine Kerze zu finden ist.

Plant im Voraus ein gutes Programm und steckt genügend Zeit hinein. Das hilft euch während der Freizeit, locker mit Veränderungen im Programm umzugehen.
Es geht nicht um eine gute Freizeit, sondern um Menschen, das heißt der einzelne Mensch geht immer vor. Das sieht Jesus ebenso!

Erfahrungen

Brücken schlagen zwischen Freizeit- und Gruppenarbeit ist mehr als ein Good-will-Entschluss. Es fängt im Detail an - welches Reiseziel, welche Mitarbeitenden, welches Thema, welches Programm etc. Die Chancen aber, die im Brückenschlag stecken, sind genial. Wenn Jugendliche erst einmal wissen, wofür sie sich begeistern können, sind sie voll dabei. Es braucht keine Werbung mehr. Alle haben ein Bild von dem, wie ihre Gruppe aussehen soll und wird.

Die Gruppen, die aus Freizeiten entstehen, pflegen nicht die Vergangenheit „Weißt du noch damals...", sondern orientieren sich an der Zukunft „Was wollen wir als

nächstes machen..."? Es kann durchaus sein, dass die Haltbarkeit der Gruppe vielleicht kürzer ist als bei anderen Gruppenformen. Aber wer sagt, dass eine Gruppe immer tanzen muss? Wenn etwas Neues aus der TeenDance-Gruppe entsteht, ist das eine Art der Weiterentwicklung.

Wichtig ist noch eins: Unser Interesse ist TeenDance, was nicht heißt, dass alle Freizeitteilnehmenden eine TeenDance-Gruppe wollen, sondern sich auch in anderen Gruppenformen treffen können. Das Ziel „Gruppe" ist klar, es kann aber durchaus sein, dass andere Modelle neben TeenDance-Gruppen entstehen und denen sollten wir mit einer einseitigen Fixierung nicht im Weg stehen.

Geschichtliches

9

Tanzen in de Bibel

„Lebensbilder"

Lektion in Hip-Hop

9 Geschichtliches

Tanzen in der Bibel

Im Hebräischen stehen ca. fünf Bezeichnungen für „Tanz", die aber jeweils verschieden ins Deutsche übersetzt werden können.

- Macholoah ist der Kreistanz oder Gruppentanz
- Raqad ist stampfen oder wild herumspringen (gebraucht in 1. Chronik 5,29 in Bezug auf Davids Tanz vor der Bundeslade)
- Karar meint herumwirbeln
- Agalliao ist vor Freude springen und hüpfen
- Gul bedeutet herumdrehen, wirbeln unter dem Einfluss von heftigen Gefühlen.

Wie alle menschlichen Gaben, kann Tanzen zum Lob Gottes sein, also „heiliges tanzen". Aber das Tanzen kann auch missbraucht werden. Das wäre dann eine Zielverfehlung.

Am „tanz-kritischsten" ist wohl die Bibelstelle, bei der die Tochter der Herodias vor König Herodes tanzt. Dieser Tanz zeugt schon von Dämonie: Er dient dem Mord an Johannes dem Täufer: „Da trat hinein die Tochter der Herodias und tanzte, und gefiel wohl dem Herodes und denen, die am Tisch saßen. Da sprach der König zu dem Mägdelein: Bitte von mir, was du willst, ich will dir's geben" (Markus 6,22). Und sie begehrt den Kopf des Täufers.

Diese Bibelstelle ziehen viele Tanzgegner in der frühen Christenheit als abschreckendes Beispiel heran. Der wohl schärfste Tanzkritiker Johannes Chrysostomus (344-407) sagte in seinem berühmt-berüchtigten Zitat:
„Dort, wo der Tanz ist, da ist der Teufel. Nicht dafür hat uns Gott die Füße gegeben, sondern damit wir in gemeinsamer Harmonie voranschreiten; nicht also um mit den Kamelen zu springen..., sondern um mit den Engeln zu tanzen. Wenn eine solche Unordnung schon den Leib beschämt, um wie viel mehr doch die Seele."

Im Zusammenhang mit dem Götzendienst stehen zwei alttestamentliche Bibelstellen: Eine davon ist Exodus 32,19, die den Tanz ums Goldene Kalb schildert: „Als Mose dem Lager näher kam und das Kalb und den Tanz sah, entbrannte sein Zorn. Er schleuderte die Tafeln fort und zerschmetterte sie am Fuß des Berges."

Die andere ist Teil der Geschichte des Propheten Elija, als er sich mit den Baal-Propheten auf dem Berg Karmel traf, um dem Volk Israel zu beweisen, wer der einzig wahre Gott ist: „Sie riefen vom Morgen bis zum Mittag den Namen des Baal an und

schrieen: Baal, erhöre uns! Doch es kam kein Laut, und niemand gab Antwort. Sie tanzten hüpfend um den Altar, den sie gebaut hatten ... Als der Mittag vorüber war, verfielen sie in Raserei..." (1. Könige 18,26-29).

Doch enthält das Alte Testament nicht nur Stellen über den Tanz als Zielverfehlung (Sünde), sondern durchaus auch positive Stellen. Der Bericht über Mirjams Freudentanz zum Beispiel. Sie tanzt „einen Freudentanz über die wunderbare Errettung nach dem Zug durchs Schilfmeer." Wie stark dieser Lobgesang und Tanz der Mirjam im Tempelkult zu Jerusalem ritualisiert wurde, zeigt Psalm 68:

„Man sieht, Gott, wie du einher ziehst,
wie du, mein Gott und König, einher ziehst im Heiligtum.
Die Sänger gehen voran, am Ende die Spielleute,
in der Mitte die Jungfrauen, die da Pauken schlagen.
Lobt Gott in den Versammlungen,
den Herrn, die ihr von Israel herstammt."

Der Siegestanz von Jephtas Tochter ist ebenfalls ein positives Beispiel, denn „als Jephta siegreich aus der Schlacht heimkehrt, kommt ihm seine Tochter entgegen und tanzt einen Siegestanz „mit Pauken und Reigen" (Richter 11,34) (Tanz vor Gott – die Heimkehr des Tanzes in die Kirche, Reinhold Müller, Stuttgart 1999).

Die wohl eindeutigste Stelle für die Verehrung Gottes in der Bibel durch Tanzen ist der Tanz Davids vor der Bundeslade. „Und David tanzte mit aller Macht vor dem Herrn her und war begürtet mit einem leinenen Leibrock (2. Samuel 6,14). ...Und da die Lade des Herrn in die Stadt Davids kam, sah Michal, die Tochter Sauls, durchs Fenster und sah den König David springen und tanzen vor dem Herrn und verachtete ihn in ihrem Herzen." (2. Samuel 6,16)

„Lebensbilder"

Schon im Mittelalter „findet man an den Rändern der Orthodoxie ein Tanzen, das aus dem vitalen Erleben der einfachen Menschen seine Kraft zog. Dahin gehören auch Berichte über ekstatische Nonnen, die in ihrer Gotteserfahrung vor innerer Ergriffenheit tanzten." (Vogler/Sudbrack/Kohlhaas: Tanz und Spiritualität, Mainz 1995) Dies zeugt von großer Begeisterung für das Tanzen, das sich meistens in spontanen Äußerungen gezeigt hat. Für solche Erfahrungen sind sehr viele Frauen bekannt, von denen ich nun ein paar vorstellen und von ihnen berichten will:

Eine der ersten und bekanntesten „Tanzfrauen" war wohl Hildegard von Bingen (1098-1179). Sie sagte, dass sie im Tanz „eine mystische Gegenwart der kommenden Himmelsherrlichkeit erfahre."

Das lässt darauf schließen, dass sie ihren Tanz mit dem Tanz der Engel vergleicht, und ihm sehr nahe kommen wollte, um diese Erfahrung der kommenden Himmelsherrlichkeit, die nach dem Paradies verloren gegangen zu sein scheint, wieder lebendig werden zu lassen.

Eine frühe Tänzerin war auch Teresa von Avila (1515-1582). Von ihr sind noch viele Berichte vorhanden, die von ihren ekstatischen Erfahrungen berichten. Sie war jemand, die ganz aus sich heraus gehen konnte und im Tanz ihre Ganzheit erlebte. In einem Bericht schreibt sie: „... dass gelegentlich ihre Gefühle der Liebe so stark waren, dass sie sie nicht mehr unterdrücken konnte. Dann nahm sie ihr Tamburin, ging aus ihrer Zelle hinaus und wurde durch das wachsende Feuer so hingerissen, dass sie zu tanzen begann. Ihre Töchter begleiteten den Tanzrhythmus mit Kastagnetten oder mit Händeklatschen; denn ihre Mutter begann ganz plötzlich und improvisierend." (Vogler ebd.)

Mireille Negre war die allererste Tänzerin an der Pariser Oper. Auch sie berichtet von der Erfahrung mit Gott und Tanz. Sie schreibt, dass sie die Aufforderung von Gott selber erhalten habe und deswegen um so mehr tanzte. Sie wollte auch mit ihrem Tanzen erreichen, dass der Leib nicht mehr als verächtlich angesehen wurde, sondern von Gottes Liebe und Herrlichkeit zeugt. Für sie war der Tanz zum Gebet geworden, zu einem persönlichen Gespräch mit Gott.

Lektion in Hip-Hop (von Christoph Weissmann)

Hip-Hop als Jugendkultur

Hip-Hop ist eine der am stärksten vertretenen Jugendkulturen unserer Zeit. Das ist erstaunlich, wenn man bedenkt, dass es diese Bewegung schon seit mehr als 20 Jahren gibt. In diesem Zeitraum hat sich Hip-Hop sehr vielfältig entwickelt und wurde durch unterschiedliche Einflüsse geprägt. Der Begriff „Hip-Hop" besteht aus zwei Teilen: „Hip" steht für aktuell, „in" sein, mit „Hop" umschreibt man eine „Party, ein Tanzereignis". Hip-Hop ist nicht nur ein Musikstil, sondern – wie es der Begriff Jugendkultur schon sagt – ein bestimmtes Lebensgefühl und eine besondere Art dieses Lebensgefühl auszudrücken. Dabei spielt zwar die Musik (Rap) eine wichtige Rolle, doch genauso beinhaltet Hip-Hop Breakdance, Graffiti, DJ-ing und einen „coolen" Kleidungsstil.

„Back to the roots" - Die Geschichte des Hip-Hop

Die Anfänge der Hip-Hop-Kultur führen in die frühen 70er.
Prägend für die Entwicklung des Hip-Hop waren die Lebensverhältnisse der Schwarzen in der Bronx. Viele Jugendliche und Erwachsene lebten in Armut: sie waren oft arbeitslos, viele junge Frauen waren alleinerziehende Mütter, Gewalt war an der Tagesordnung, usw.

Um die Not ein wenig zu vergessen, waren „Double Dutch" (Seilhüpfen), Tanzen und Partys beliebt. Die Jugendgangs trafen sich auf der Straße und feierten zusammen in öffentlichen Parks oder an Häuserblöcken. Auf solchen Partys entwickelte sich der Hip-Hop, der von verschiedenen anderen Musikrichtungen beeinflusst wurde. Dazu gehören afrikanische Musik, die von viel Rhythmus und weniger Melodie gekennzeichnet ist, Reggae, der ursprünglich aus Jamaika stammt, Funk, Disco, Soul, Jive und Jazz.

Die drei bedeutungsvollsten Männer für die Anfänge des Hip-Hop waren Kool DJ Herc, Afrika Bambaataa und Grandmaster Flash.
„Der Tag, an dem Herc in der Bronx ankam, war der erste Tag des Hip-Hop." (DJ Afrika Bambaataa) (www.kindernetz.de/thema/Hip-Hop/geschichte/). Ursprünglich kam Kool DJ Herc mit seiner Familie aus Jamaika. In der Bronx begann er erst zu sprayen, bevor er 1973 mit DJ-ing anfing. Berühmt wurde er zum einen wegen seines „mächtigen Soundsystems" (Toop: Rap Attack, S. 74), zum anderen entwickelte er seine eigenen Techniken beim Abspielen der Platten. Er benutzte z. B. zwei Plattenspieler gleichzeitig um den Rhythmuspart eines Liedes zu verlängern (so genannte Breakbeats).

Diese Techniken wurden von Grandmaster Flash verfeinert und weiterentwickelt. Dabei spielte er zuerst nur in Parks, also unter freiem Himmel, wurde aber engagiert und überredet, in Clubs aufzutreten. Diese Auftritte brachten den Hip-Hop auf eine kommerzielle Schiene.

Diese Breakbeat-Methode wurde zum zentralen Strukturelement des Hip-Hop. Der sogenannte Electric Sound, aus dem sich neben Hip-Hop auch Techno entwickelte, animierte vor allem Jungs zum Tanzen: Electric Boogie war geboren! Daraus entstanden dann die schwierigen, gelenkigen Bewegungen des Breakdance mit dessen verschiedenen Stilrichtungen, wobei Electric Boogie eine davon ist.

Afrika Bambaataa war als Jugendlicher in verschiedenen gewalttätigen Gangs, hatte aber die Idee, eine gewaltfreie Gang zu gründen – die Zulu-Nation. Die Jugendlichen sollten die Möglichkeit haben, ihre Gefühle anders auszuleben und auf Gewalt zu verzichten. Eine Form sah Bambaataa im „Battling".

DJs (Disc Jockeys) begannen mit Drumcomputern, Synthesizern und später auch mit „Turntables" (Plattenspielern) ihren individuellen Sound zu entwickeln. Andere übten sich dazu im Sprechgesang (Rap) und wiederum andere stellten fest, dass mit Mund und Mikro fette Rhythmen imitiert werden konnten (Beatboxing).

Parallel dazu entwickelte sich die Graffiti-Szene. Einige versuchten sich im Entwerfen abstrakter Schriftzüge (Styles) und Figuren (Characters, Cartoons). Aus Spaß, um Anerkennung (Fame) und um eine neue Identität zu bekommen, wurden diese mit Farbdosen (Cans) überall an Züge und Wände gesprüht. Hip-Hop war entstanden.

Die vier Elemente des Hip-Hop

Zur Hip-Hop-Szene gehören folgende „Disziplinen":

- der Tanz, insbesondere Breakdance mit den vier Stilrichtungen:
  Electric Boogie, Roboter, Mechanical Man, Styles, Power Moves, Pop Locking
- der DJ, der die Musik - meist auf zwei Turntables – auflegt,
- der MC (Microfone Controller), der sich im Rap (vorher festgelegte Reime), im Freestyle (live improvisierte Reime) und beim Beatboxing präsentiert.
- die Graffiti-Sprayer

Elemente des Hip-Hop

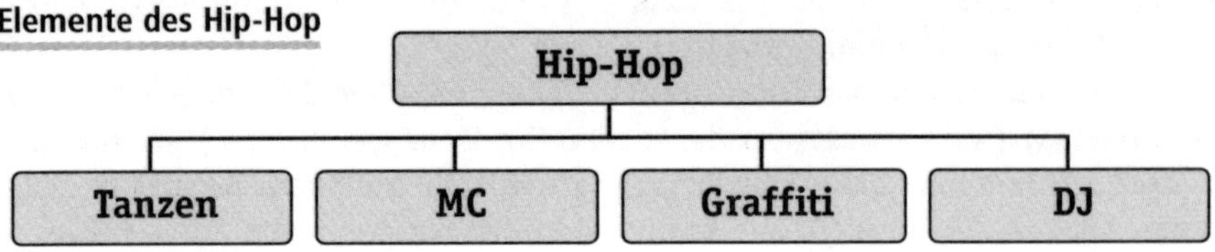

Breakdance

Breakdance hat seine Wurzeln in Tanzbewegungen aus alten amerikanischen Tanzarten. So haben schon in den frühen 20ern des 20. Jahrhunderts Tänzer verschiedene Bewegungen ausgeführt, die heute im Breakdance zu sehen sind.
(Toop: Rap Attack, S. 166)

Breakdance ist eine sehr intensive Tanzsportart, die sehr viel Kraft und Muskeln erfordert. Deshalb ist ein regelmäßiges, hartes Training nötig, damit die akrobatischen Elemente gelingen. Diese akrobatischen Elemente werden meist einzeln vorgeführt, während die anderen Tänzer und eventuell Zuschauer im (Halb-) Kreis außen herum stehen. Wegen dem nötigen Kraftaufwand breaken überwiegend Jungen und junge Männer. Geübt wird überall, wo etwas Platz zur Verfügung steht. Das kann auch auf einem Parkplatz oder in einem Parkhaus sein. Die Ergebnisse werden öffentlich präsentiert, z. B. in einer Disco (Rohmann: Expressin´ myself, S. 88ff) oder auf der Straße. Da zum Breaken sportliche Kleidung erforderlich ist, stimmt der Kleidungsstil beim Tanzen mit dem Idealbild eines Hip-Hopers überein, bzw. prägt dieses auch. Die jüngeren Hip-Hop-Fans – viele noch Kinder – sind oft so begeistert von den „großen" Breakern, dass sie motiviert sind viel zu trainieren um genauso gut zu werden. Die „Großen" nehmen die Jüngeren mit in die Szene, zeigen ihnen verschiedene Tanzschritte und ermöglichen ihnen damit ein Zugehörigkeitsgefühl. Es findet ständig eine Art Generationenwechsel statt, der garantiert, dass dieser Tanzstil mit all seinen Raffinessen weitergetragen wird.

DJ

Am Anfang des Hip-Hop war das DJ-ing eines der wichtigsten Elemente, auf den sich vieles aufgebaut hat, z. B. die Partykultur oder der Rap. Die Aufgabe des DJs war es, Platten aufzulegen, dem Publikum zu gefallen und damit für gute Stimmung zu sorgen und ausgelassenes Tanzen zu ermöglichen. Dabei arbeitete er meist mit zwei Plattenspielern und benutzte verschiedene Platten, aus denen er Teile abspielte oder auch mit anderen vermischte. Es wurde eigentlich keine neue Musik produziert, sondern auf bereits Vorhandenes zurückgegriffen, das z. B. durch Pitchen (Tempoveränderungen) oder eben durch die Zerstückelung so verändert wurde, dass trotzdem ein neuer Sound entstand.

Ein Erkennungsmerkmal des Hip-Hop ist das Scratchen, dabei wird die Platte von Hand angehalten oder rhythmisch bewegt. Die Plattennadel erzeugt dadurch ein kratzendes Geräusch.

Seit den 80er Jahren ist die Bedeutung des DJs zurückgegangen, da man immer mehr technische Möglichkeiten hatte, die Musik durch digitale Sampler für jeden relativ günstig zugänglich zu machen. Das MC-ing ist immer mehr in den Vordergrund gerückt.

MC

MC ist die Abkürzung für „Master of Ceremony" (Henkel: Berlin Underground, S. 182) und bezeichnet den Rapper, also denjenigen, der auf die Musik des DJs Texte rhythmisch spricht.

Sprechgesänge haben in Afrika eine lange Tradition in Spottgedichten oder als „lebendiges Geschichtsbuch" (Toop: Rap Attack, S. 42), die in Amerika fortgesetzt wurde, z. B. in Toasts das sind gereimte Geschichten, um bei erzwungener Langeweile in Gefängnissen oder beim Militärdienst die Zeit totzuschlagen ...(Toop: Rap Attack, S. 40).

Die meisten Raptexte beschäftigen sich mit Themen wie Gewalt, Frauen, Autos, Selbstdarstellung, Lebensumstände, aber auch Politik und Religion. Dabei ist es für die Rapper wichtig, dass ihre Texte von dem handeln, was sie persönlich beschäftigt. Jedoch meint Russell Simmons 1985, dass „Der Rap, der gut verkauft [wird], [...] in Wirklichkeit der lauteste und der rebellischste [ist]" (Toop: Rap Attack, S. 40).

Graffiti

1971 erschien ein interessanter Artikel in der New York Times: Der Junge Taki (Taki war Kind griechischer Einwanderer und stammt wie viele der „Urväter" nicht direkt aus den USA) hinterlässt auf seinen Botengängen durch die Stadt überall sein Pseudonym „TAKI 183" in Form eines Schriftzuges. Der Artikel erregte soviel Aufsehen, dass Hunderte von Jugendlichen Taki nachahmten und ihre Schriftzüge an öffentlichen Plätzen zur Schau stellten (nach Henkel: Berlin Underground, S. 47). Viele sind der Meinung, dass Taki der Gründer der Graffiti-Kunst war. Aber schon davor kennzeichneten Gangs ihre Territorien durch Schriftzüge an Wänden (vgl. Toop: Rap Attack, S. 163/164). Dieser durch Taki ausgelöste Trend entwickelte sich so stark und schnell, dass schon 1972 ein Gesetz gegen das Schreiben und Sprühen an gemeinnützigen Gegenständen erlassen wurde. Benutzten die Jugendlichen zu Beginn noch dicke Filzstifte und Eddings, wurden bald Sprühdosen verwendet, mit denen großflächige Arbeiten möglich waren. Dadurch konnten sich aus einfachen Schriftzügen kunstvolle Bilder entwickeln, die jedoch immer den Namen, bzw. das Pseudonym des Künstlers hervorheben sollen.

Damit will der Sprayer bekannt werden, er möchte einen Ruf bekommen, über ihn soll geredet werden (vgl. Rohmann: Expressin´ myself, S. 75), und dies nicht nur innerhalb der Szene sondern eben in der ganzen Gesellschaft. Nicht selten ist aber auch der Reiz des Verbotenen ausschlaggebend, wenn ein Jugendlicher sein Kunstwerk sprüht. So war es bis zur Wende in West-Berlin geduldet, die Mauer, die zum Ostsektor gehörte, zu besprühen. Trotzdem besprühten einige Graffitikünstler ver-

botenerweise auch Zugwaggons, weil es „kultiger [ist], einen Zug zu besprayen als eine legale Wand"(Henkel: Berlin Underground, S. 52). Für manche Jugendliche ist das Sprayen ein Protest gegen bürgerliche Normen und Erwartungen und sehr provokativ gemeint. In diesen Fällen zählt nicht mehr nur das Künstlerische und Kreative, sondern die Auffälligkeit und die Aggression, die diese Schriftzüge ausdrücken sollen. Dies soll durch starke Kontraste, bestimmte Farben und Farbkombinationen (z.B. schwarz und rot) und Größe erreicht werden.

Viele jugendliche Sprayer fühlen sich als jemand Besonderes: während andere Jugendliche auf Partys gehen, entwerfen sie auch öfters neue Muster und „steh[en] an der Wand und spray[en]"(Rohmann: Expressin' myself, S. 75). Bei all den genannten Gründen darf man nicht vergessen, dass für viele Jugendliche der wohl wichtigste Punkt für das Sprayen das Spaß haben ist.

Was gehört sonst noch dazu?

Battling

In den 60ern wurden Rivalitäten der Streetgangs mit Gewalt ausgefochten – nicht selten mit blutigen bis zu tödlichen Folgen. Breakdance entstand als eine Bewegung gegen diese Art von Gewalt und war ein Mittel, sich gewaltlos zu bekämpfen. Bei dieser tänzerischen Kampfart, die sich aus einer Kampfart namens „Capoeira" entwickelte, war der Körperkontakt mit dem Gegner strikt untersagt.

Viele Moves kommen auch aus Karatefilmen, die damals jeden Sonntag im Doppelpack liefen und von vielen Kids geschaut wurden.

In den 80ern wurden die Rivalitäten dann tänzerisch auf offiziellen Battles „gelöst". Battling ist eine Form von Wettkampf, in dem man als Einzelner oder als ganze Gruppe versucht den oder die anderen zu übertrumpfen, und zwar nicht mit körperlicher Gewalt, sondern mit Schlagfertigkeit und besseren Leistungen. Diese Battles werden schon seit den Anfängen des Hip-Hop organisiert und ausgetragen beim Rappen und Breaken.

Beim Rappen kommt es darauf an, seinem Gegner verbal überlegen zu sein, man versucht sich selbst in ein besseres Licht zu rücken und den anderen „fertig" zu machen. Beim Breaken möchte man den anderen durch noch raffiniertere „Moves" beeindrucken und mehr Kraft und Ausdauer zeigen.
Der Gewinner eines solchen Battles erhielt den Titel des „Zulu Kings".

Am Anfang der Hip-Hop-Kultur, als es nur die ZULU NATION gab, wurde dieser Titel verliehen, um Mitglied zu werden. ZULU KINGS war die größte und bekannteste B-Boy Crew damals.

Der größte und bekannteste Contest auf europäischem Boden ist der „Battle of the Year", der jährlich in Hannover stattfindet und 1997 erstmals in Offenbach veranstaltet wurde.

Kleidung

Wie auch in allen anderen Jugendkulturen ist das äußere Erscheinungsbild ein wichtiges Zugehörigkeitsmerkmal. Dabei ist es einem Hip-Hoper sehr wichtig, lässig und „cool“ zu wirken.

Im Laufe der Zeit hat sich das Erscheinungsbild der Hip-Hoper gewandelt (früher z. B. dicke Goldketten). Zum heutigen Outfit eines Hip-Hopers gehören Sport- und Freizeitbekleidung, die oft in Übergröße getragen wird, Turnschuhe, enge Wollmützen und Baseball-Caps. Dabei wird die Funktion der Kleidung oft umgedeutet, z. B. soll die Wollmütze nicht mehr vor Kälte schützen, sondern dient als Zugehörigkeitssymbol (die Wollmütze wurde von den Breakern in die Szene gebracht, da sie bei den akrobatischen Bodenteilen den Kopf vor Verletzungen schützt). Insgesamt ist es den Jugendlichen sehr wichtig, die richtigen Markenprodukte zu tragen, wie z. B. adidas oder NIKE (vgl. Henkel: Berlin Underground, S. 94/ 98), auch wenn viele Jugendliche behaupten, dass in ihrer Szene kein Kleiderzwang besteht und jeder anziehen darf, was er will und sich leisten kann, auch Klamotten aus den Szeneläden oder C&A Ware (vgl. Rohmann: Expressin´ myself, u.a. S. 73).

Hip-Hop in Europa

1979 veröffentlichte die „Fatback Band“ und kurz später die „Sugarhill Gang“ eine Single mit Hip-Hop-Musik, die beide sehr erfolgreich verkauft wurden. Das Verblüffende war, dass beide Bands nicht aus der ursprünglichen und authentischen Hip-Hop-Szene stammten. Als Folge davon veröffentlichten auch „echte“ Hip-Hoper Platten mit ihren Songs und Hip-Hop wurde weitläufig bekannt. Aber nicht nur durch die Musik, sondern z. B. auch durch Filme, in denen die Hip-Hop-Kultur miteinbezogen wurde („Wildstyle“ und „Beat Street“), schaffte die Hip-Hop-Kultur den Sprung über den Ozean nach Europa.

Eine große Breakdance-Welle brach aus. Es wurde versucht, das Gesehene nachzuahmen und daraus einen eigenen Stil (Style) zu entwickeln. Jeder, der eine Disziplin beherrschte, war in der Szene angesehen. Vor allem dann, wenn er einen eigenen Style entwickelte.

Hip-Hop hat sich mit der Zeit in unterschiedliche Richtungen entwickelt (z. B. „Gangster-Rap“). Auch hat sich Hip-Hop mit Popmusik vermischt und wurde dadurch für eine breitere Masse von Jugendlichen interessant. Manche „echten“ Hip-Hoper grenzen sich von der „soften“ Version und dem kommerziellen Bereich des Hip-Hop allerdings bewusst ab.

Hip-Hop in Deutschland

Auch deutsche Jugendliche waren sehr begeistert von der Hip-Hop-Kultur und versuchten diese in Deutschland auszuleben. Dabei standen sie vor dem Problem, dass ihr Lebensumfeld in Deutschland anders ist und das „Bronxfeeling“ nicht direkt

übertragbar ist. Deshalb gab und gibt es Bestrebungen, eigene Probleme und Gedanken darzustellen. Verschiedene Bands wurden gegründet, wie z. B. Die Fantastischen Vier, Fettes Brot und Freundeskreis. Doch wurde hier der Hip-Hop durch Einwandererkinder zuerst aufgegriffen und immer noch dominiert (z. B.: Kool Savas, Azad, Torch, Samy Deluxe...)

Hip-Hop und Religion

Viele US-Rapper sind Mitglieder der „Nation of Islam". Diese riesige, militante Organisation, die es sich zur Aufgabe gemacht hat, um jeden Preis USA zu einer islamischen Nation zu machen, richtet sich in erster Linie gegen Weiße und Christen.
Viele gehören aber auch zur „Zulu Nation", einer afrikanischen Friedensphilosophie mit heidnischen Elementen, die in Europa auch weit verbreitet ist.
Die Zulu-Nation möchte verschiedene Götter sowie verschiedene Mitglieder zu einer Kultur vereinen.

Der Gangsterrap - wie auch „Nation of Islam" - hat nur entfernt mit dem ursprünglichen Hip-Hop-Gedankengut zu tun, ist aber heute in der Szene integriert.

Hip-Hop an sich ist sehr egozentrisch. Man stellt das eigene Können in den Vordergrund und zieht gerne über andere her, man demütigt, man „disst" sie. Widersprüchlich dazu erscheint die Tatsache, dass Hip-Hop weltweit wie eine eigene Familie ist.

Trotz friedlicher Schlachten (Battles) und der weltweiten Familie, gibt es leider auch die gewalttätigen Gangster-Rapper, die herumhängen und harmlose Leute attackieren. Dieses Gangsterrap-Syndrom hatte 1990 seinen Anfang in den Staaten, wo es heftige Auseinandersetzungen zwischen vorwiegend Schwarzen aus den Armen-Vierteln und der Polizei gab.

„Parental advisory explicit Lyrics", die Warnung auf dem CD-Cover vor Texten mit kriminellem oder rassistischem Gedankengut, mutierte schnell zum Gütesiegel. Zu beachten ist hierbei, dass dieses „Gütesiegel" auch auf Heavy Metal Alben zu finden war. Trotzdem ist Hip-Hop inzwischen nicht mehr so radikal wie in den Anfängen. Auch sind viele Aktive mittlerweile religiös tätig, wie KRS-ONE, Reverend Run (von Run-DMC) oder Mase (aus Puff Daddys Bad Boy-Lager). Zudem haben die USA die größte christliche Rap-Szene der Welt mit Interpreten wie T-Bone, KRS-ONE ...
Denn nachdem Gruppen wie Brand Nubian als Moslems ihren Glauben in die Musik einbrachten, gingen auch christliche Rapper diesen Weg mit (wie z. B. T-Bone, Gospel Gangstase etc.).

Old School – New School

In Europa gibt es immer noch solche, die an der Grundideologie des Hip-Hop festhalten und sich zu Recht mit dem harten Kern identifizieren. Es entstanden zwei Gruppen, „Old School" und „New School", die man aber nicht grundlegend vonein-

ander unterscheiden kann. Man kann lediglich von einer Tendenz sprechen, denn einen Standard-Hip-Hoper, der sich „schubladisieren" lässt, gibt es nicht.
Mit Old- und New School unterscheidet man hauptsächlich zwischen zwei Musikstilen, was dann eben auch in Äußerlichkeiten manifestiert ist.
„Old School" (1973-1985): aktiv und kreativ sein, einen eigenen Style entwickeln (sprühen, rappen, DJ-ing, breaken, ...) und tun, was von Herzen kommt.
„New-School" (1985-jetzt): So genau lässt sich das nicht definieren. Es kamen Gruppen auf wie De La Soul, Jungle Brothers und dann die Leaders of the Newschool, deren Sound stark von Jazz und anderen Musikrichtungen geprägt war. Weniger von Funk und elektronischer Musik wie der Old School Sound.
Daraus folgt auch eine Wertlegung auf Äußerlichkeiten (Outfit, Markenkleider, Autos, Wohlstand, Aussehen) und „Mainstream" (tun, was die Masse toll findet).

Tanzstile

Dieses Kapitel möchte euch die verschiedenen Tanzstile im Hip-Hop-Bereich ein wenig erläutern. Grundsätzlich kann dabei zuerst in zwei Großbereiche unterteilt werden, dem Hypen und dem B-Boying (vgl. Übersicht unten).

Mit Hypen wird oft auch der Begriff „New Jack Swing" in Verbindung gebracht. New Jack Swing meint dabei aber eher den Musikstil, auf den dann „gehypt" wird. Dieser erste größere Bereich ist tendenziell durch schnelle, schwierige Beinbewegungen im Stehen gekennzeichnet. Grundlage dafür ist der MC-Hammer-Move, der zu anderen Schrittvariationen ausgebaut wird.

Aus dem Begriff „B-Boying" entstand durch Kommerzialisierung der heutzutage bekanntere Begriff „Breakdance". Pauschalisiert gesagt ist Breakdance durch Bewegungen „auf allen Vieren" gekennzeichnet. Man versucht sich auf den „unmöglichsten" Körperstellen akrobatisch zu bewegen. Das „B-Boying" besteht aus einem Grundgerüst mit vier Stilrichtungen:
Electric Boogie/Roboter/Mechanical Man, Styles/Skills, Power Moves und Pop Locking.

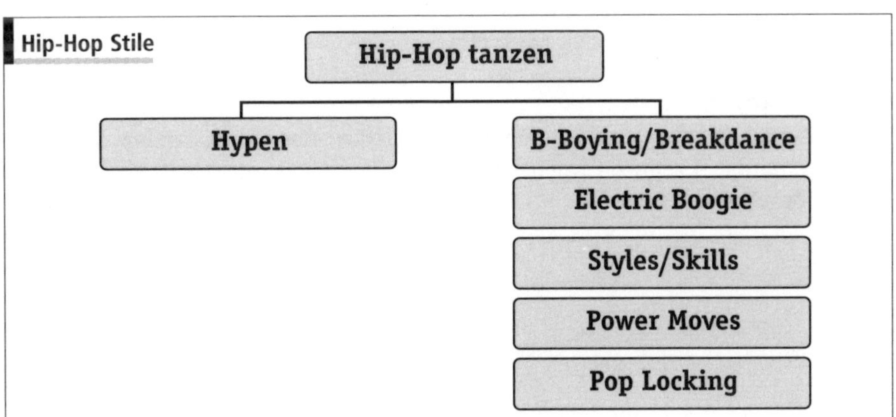

Electric Boogie

In dieser Stilrichtung existieren ebenfalls verschiedene Tanzrichtungen. Manche täuschen den Zuschauer, in dem sie sich wie ein Roboter bewegen, andere simulieren einen von Stromstößen durchjagten Körper, wiederum andere lassen Wellen durch den Körper laufen. Die Schwierigkeit dieses Unterbereichs besteht darin, die Muskulatur jeweils isoliert anzuspannen, um jedes Gelenk einzeln anzusprechen.

Styles/Skills

Man unterscheidet hier einen Uprock und einen Downrock:
Der Uprock wird im Stehen getanzt und dient als Vorbereitung für den Downrock, für Power Moves und auch dazu, einen Battle zu eröffnen. Wie man in den Hintergrundinformationen über Hip-Hop nachlesen kann, wird anhand dieser Tanzart ein Gegner bekämpft. Heutzutage wird damit einfach ein Gegner zum Tanzwettkampf herausgefordert. Diese Bewegungen werden Battlemoves oder Brooklyn-Uprock genannt, die dazu dienen, den Gegner durch symbolische Kampfhandlungen in tänzerischer Form zu bezwingen.
Diese Kampfschritte basieren auf eine bestimmte Zählweise, so dass spontan gegen einen Gegner getanzt, also gekämpft werden kann. Sowohl der Up- als auch der Downrock basiert auf einen Grundschritt.
Der Grundschritt beim Downrock (= Bewegungen am Boden) wird Six-Step genannt, eine Bewegung, die, wie kann es anders sein, aus sechs Schritten besteht. Diese Grundmuster werden zu verschiedenen, teilweise sehr schnellen Bewegungen verändert. Die Grundmuster und die vielfältigen neu entstehenden Kreationen werden als Styles bezeichnet.

Power – Moves

Dieser Bereich erfordert sehr viel Kraft und eine hohe Körperbeherrschung. Dabei wird der Körper auf den „unmöglichsten" Körperstellen zur Musik bewegt, was dem Ganzen eine Prise Spektakel verleiht, sozusagen das „i-Tüpfelchen" dieser Art des Tanzes.
Ein Beispiel ist die „Windmill" – das wohl bekannteste Element im „B-Boying" - wobei sich der Körper abwechselnd auf der Schulter und der Brust bzw. dem Kopf dreht, ohne dass die Beine den Boden berühren.

Pop – Locking

Dieser Bereich ist eigentlich aus dem Bereich Electric Boogie entstanden. Charakteristisch sind dabei schnelle Armbewegungen, die oft mit weiträumigen Beinbewegungen gekoppelt werden.

Materialien & Links

10

TeenDance

King's Kids, TEN SING and more...

Materialien

Schätze im www

Literatur

Autoren

10 Materialien und Links

TeenDance

TeenDance-Network

Das TeenDance-Network bietet sowohl Informationen zu Seminaren und Events als auch Materialien an. Wer regelmäßig TeenDance-Infos bekommen möchte, kann sich in das TeenDance-Network eintragen lassen.

TeenDance-Homepage: www.TeenDance.de

Hier findet ihr alles über unsere Arbeitsstruktur und Aufgaben, sowie verschiedene Tipps und auch Begleitung. Der TeenDance-Arbeitskreis und die Referenten werden hier kurz vorgestellt.

King's Kids, TEN SING and more...

King's Kids weltweit

King's Kids international ist ein Dienst von Jugend mit einer Mission, der mit Familien und lokalen Gemeinden zusammenarbeitet und mit 650 Zentren in 140 Nationen vertreten ist. King's Kids hat das Motto von Jugend mit einer Mission „Gott kennen und ihn bekannt machen" aufgegriffen und für Kinder und Teenager die Möglichkeit geschaffen, eine persönliche Beziehung mit Gott zu entwickeln und für ihn die Welt zu erreichen. King's Kids arbeiten stark im Tanzbereich.

King's Kids Wurzeln

King's Kids international begann 1976 in Hawaii unter der Leiterschaft von Dale und Carol Kauffman. King's Kids will die junge Generation nicht „unterhalten", sondern sie herausfordern, im Dienst aktiv zu werden.

„Mission Statement"

Kinder, Teenager und Familien in eine bewährte Beziehung mit Gott führen und zusammen mit ihnen Gott bekannt machen.
Weitere Informationen zu King's Kids könnt ihr im Internet unter folgenden Adressen erhalten: www.kingskids.de
Auch die Seite der Schweizer ist interessant: www.kingskids.ch
oder die internationale Seite unter www.uofn.ch/kingskids

TEN SING

Teenager stehen auf der Bühne, inszenieren ihre eigene Show. Sie singen, tanzen, spielen Theater, agieren in der Band. Ten Sing steht für Kreativität und Phantasie, für Lebensfreude und Originalität.

Die Geschichte
Ten Sing steht für das norwegisch-englische „Teenager singing". Vor über 30 Jahren ist Ten Sing in Norwegen entstanden. Heute gibt es europaweit mehr als 500 Ten-Sing-Gruppen. In Deutschland sind in ca. 150 Gruppen rund 5000 Jugendliche aktiv.
Das Konzept
Ten Sing ist eine ganzheitliche, christliche Jugendarbeit, die projekt-orientiert arbeitet. Junge Leute zwischen 14 und 19 Jahren entdecken ihre Gaben. Die „Ich trau mich was" - Atmosphäre in Ten Sing lässt Teenager über sich selber hinauswachsen. Jugendliche setzen ihre Alltagserfahrungen in Rock und Rap, Streetdance und Theaterszenen um. Aus dem Ganzen entsteht eine Bühnenshow.
In Ten Sing muss man nicht Christ sein, um akzeptiert zu sein. Aber man kann Christ werden. Die Verantwortlichen bringen im offenen Dialog ihr Christsein ein.
Zentrale Stichworte bei Ten Sing sind Christus, (Jugend-)Kultur und Kreativität.
Weitere Infos unter www.tensingland.de

Materialien

Empfehlenswerte Tanz-Videos:

„Honey"
Honey unterrichtet Hip-Hop in einer versifften Tanzschule. Sie möchte dadurch die Kids von den Straßen holen und sie von Gewalt und Kriminalität abhalten. Sie wird durch einen Zufall als Tänzerin (Choreographin) in einer Disco entdeckt. Trotz allem vergisst sie ihre Kids am Ende nicht.
"Center Stage"
Jody (Amanda Schull) kann ihr Glück kaum fassen: Gerade noch war sie eine hoffnungsvolle Ballett-Schülerin in einem kleinen Tanzstudio in New Jersey und plötzlich gehört sie zu den 12 besten Nachwuchstänzern der Welt, mit einem Stipendium an der berühmten American Ballet Academy. Es wird ein aufregendes Jahr für den grazilen Teenager, voller Überraschungen und Enttäuschungen, Liebe und Leid. Während im Probesaal der Akademie Disziplin und tänzerische Perfektion regieren, wartet vor der Tür das pralle Leben New Yorks.
„The Riverdance - Show"
Vom „Lord of the Dance", Maestro und seiner Tanzgruppe geprägt. Aber auch viele andere Tanz- und Musikstile kommen vor (Steptanz, spanischer und irischer Tanz, Gospels).
„Girls united"
Richtig fetzige Tanzeinlagen gibt es hier zu sehen - Cheerleading allererster Sahne. Sieht ziemlich schwierig aus das Ganze, aber es gibt einige Schritte und Aufstellungen, die sehr gut zu verwenden sind. Besonders gut geeignet ist es für etwas größere Tanzgruppen.
„Save the last dance"
Ein Film zum „Dahinschmelzen"! Schöne Tanz-Einlagen, besonders am Schluss!
Ein ungewöhnliches Paar - Hip-Hop und Ballett vereint zu einem Tanzstil.

„Billy Elliot"

Ein absolut traumhafter Film von einem kleinen irischen Jungen, der in einer sehr traditionellen Männerwelt Tänzer werden will.

„Dirty Dancing 2"

Kein Abklatsch der ersten Fassung, sondern ein richtig guter Film, der keine Fortsetzung des ersten Teils darstellen soll. Nachdem die Hauptdarstellerin mit ihrer Familie umziehen musste, lernt sie einen Kellner des Hotels kennen und will mit ihm einen Tanzwettbewerb gewinnen – es kommt jedoch ganz anders...

„Stomp – OUT LOUD"

Was andere achtlos wegwerfen, wird bei Stomp zur Kunst erhoben. Die Schlagwerker aus dem englischen Brighton holen ausgemusterte Altteile vom Schrottplatz und führen sie einer Wiederverwertung in einem musikalischen Rahmen zu. Recycling einmal ganz anders. Darüber hinaus vereinen die Briten die Reste unserer Wegwerfkultur mit allen möglichen noch funktionierenden Alltagsgegenständen, Haushaltsgeräten und Gebrauchsartikeln zum äußerst ungewöhnlichen Perkussionensemble, eingehüllt in faszinierende Choreographien.

Schätze im www

Ein paar Surf-Tipps mit guten christlichen Songs:

www.rrabauke.de/index.html : coole Seite, gute Infos

www.sound7.de : News, Charts, Events (vor allem zur Musikrecherche im christlichen Sektor geeignet)

www.nepomuk.de : Netzwerk für Popularmusik in der Kirche

www.ccmtexte.de/rezis : Rezensionen u.a.

www.shinemedia.de/breakbeaters : „BreakBeaters" ist ein deutschsprachiges Web-Archiv und eine Community für alle Spielarten christlicher Dance- und Techno-Musik. In der Datenbank findet man eine Masse an christlichen Dance-CDs, außerdem viele Infos und Links.

Deutschsprachige Links für die Jugendarbeit:

www.ejwue.de : die Seite des Evangelischen Jugendwerks in Württemberg

www.puls-projekt.de : Hier findet ihr das aktuellste zum Thema „Neue Formen der Jugendarbeit". Neben Mitarbeitendengewinnung und Zugängen über Jugendliche zur Gruppenarbeit, gibt es viel Material für Gruppenstunden, Gruppenideen und Mitarbeitendenschulungen.

www.jugendarbeit.ch : Interessanteste und umfangreiche Datenbank zum Thema Jugendarbeit!

www.jugendsite.de : Christl. Materialbörse – Spiele, Andachten, Themen

www.jugendarbeit.de : Seite der evang.-reform. Bayern mit guten Links

www.praxis-jugendarbeit.de : Seite des CVJM Magstadt mit viel praktischem Material

Umfangreiches Netzwerk von christlichen Jugendorganisationen:

www.ywamarts.com : YWAM – Kultur: der Bereich Tanz hat eigene Homepage-Seiten

www.gospelcom.net : Plattform für viele christliche Organisationen - Links

www.youthworkers.net : breite Plattform für christliche Jugendarbeit
www.youthspecialties.com : wärmste Empfehlung: nicht nur Bücher zur christlichen Jugendarbeit, sondern jede Menge Stoff und Inspiration
www.pastors.com/pcom/mylc : Materialien von Rick Warren´s „Saddle-back Church" zur Jugendarbeit
www.ileadyouth.com : interessante Seite mit Download-Sektion und Stichwort-Suche
www.relevantmagazine.com/newsletter : GOD. LIFE. PROGRESSIVE CULTURE – unbedingt empfehlenswert
Last but not least: **www.teendance.de**

Literatur

Tanzen & Musik:

Buhmann, Heide; Haeseler, Hanspeter (Hg.):
HipHop XXL, Fette reime und fette Beats in Deutschland,
Rockbuch Verlag Buchmann & Haeseler, Schlüchtern 2003.
Henkel, Oliva:
Berlin Underground, Techno und HipHop zwischen Mythos und Ausverkauf,
Bostelmann & Siebenhaar, Berlin 1996.
Meusel, Waltraud; Wieser, Richard (Hg.):
Handbuch Bewegungsgestaltung,
Kallmeyer, Seelze 1995.
Müller, Reinhold:
Tanz vor Gott, die Heimkehr des Tanzes in die Kirche,
Kreuz, Stuttgart 1999.
Rohmann, Gabriele (Hg.):
Expressin' myself, Punks, HipHoper, Technos, Skateboarder in O-Tönen,
Tilsner, Bad Tölz 1999.
Toop, David:
Rap Attack, African Jive bis Global HipHop,
Hannibal, Planegg 2000.
Vogler, Gereon:
Tanz und Spiritualität,
Matthias-Grünewald, Mainz 1995.
ZeeRay:
Hip-Hop, mit Audio – CD,
Meyer & Meyer, Aachen 1999.

Für Andachten:

Adams, Nate: **Frisch gepresster Birnensaft, neue Starkstrom-Andachten,**
Gerth, Asslar 5.Auflage 1998.
Davis, Ken; Lambert, David: **Neuer Saft für müde Birnen, Starkstromandachten,**
Gerth, Asslar 12. Auflage 2001.
Drumm, Thomas: **S.M.S. – 50 Kurzandachten nicht nur für den Schulalltag,**
Francke, Marburg 2001.

Eizinger, Werner: **Die Sprache der Dinge, Kurzmeditationen zu Alltagsgegenständen,** Don Bosco, München 2000.
Hentschel, Hans und Hille: **Bibel-SmS, 365 Kurnachrichten aus dem Buch der Bücher,** Kreuz, Stuttgart 2002.
Kühner, Axel: **Aus gutem Grund, Impulse für jeden Tag,** Aussaat, Neukirchen-Vluyn 2004.
Kühner, Axel: **Eine gute Minute, 365 Impulse zum Leben,** Aussaat, Neukirchen-Vluyn 7. Auflage 2002.
Kühner, Axel: **Hoffen wir das Beste, Ermutigungen für jeden Tag,** Aussaat, Neukirchen-Vluyn, 5. Auflage 1998.
Kühner, Axel: **Überlebensgeschichten für jeden Tag,** Aussaat, Neukirchen-Vluyn 14. Auflage 2000.
Kühner, Axel: **Zuversicht für jeden Tag,** Ausaat, Neukirchen-Vluyn 2. Auflage 2001.
Riecke, Christina: **Days of Grace, was Mädchen und junge Frauen bewegt, wie Mädchen und junge Frauen im Glauben wachsen,** Brunnen, Giessen 2004.
Riecker, Helmfried: **Warm up, Geistlich und sportlich fit für den Tag,** Hänsser, Holzgerlingen 1999.
Ryrie, C.C.: **Zeig's mit Gegenständen,** Christliche Verlagsgesellschaft, Dillenburg 1997.
Spirituelle Impulse in die Gruppe, Rex, Luzern 2.Auflage 2002.
Volz, Heike (Hg.): **Zu mir, zu dir, zu Gott – Bibelarbeiten für Mädchen und alle, die neugierig aufs Leben sind,** ejw-service, Stuttgart 2004.

Interessant und vielseitig einsetzbar:

Backhaus, Arno: **Lache, und die Welt lacht mit dir! Schnarche, und du schläfst allein!** Humorvolles, Hintergründiges und allerlei mehr Witzigkeiten, Brendow, Moers 2. Auflage 1997.
Faix, Tobias: **Teeniearbeit kreativ,** Aussaat, Neukirchen-Vluyn 2001.
Fynn: **Hallo, Mister Gott, hier spricht Anna,** Fischer, Frankfurt 5. Auflage 2001.
Jahnke, Michael: **Jugendarbeit kreaktiv,** Aussaat, Neukirchen-Vluyn 4. Auflage 2002.
Page, Nick: **Bibelblatt, der Weltbestseller in Schlagzeilen,** Heyne, München 2002.
Plass, Adrian: **Tagebuch eines frommen Chaoten,** Brendow, Moers 12. Auflage 1994.
Sinn gesucht – Gott erfahren, Erlebnispädagogik im christlichen Kontext, ejw-service, Stuttgart 2005.
Vorländer, Wolfgang: **Gottes Gastfreundschaft im Leben der Gemeinde,** Kreuz, Stuttgart, 1999.
Zinnecker/Behnken/Maschke (Hg.): **null zoff & voll busy,** die erste Jugendgeneration des neuen Jahrhunderts, Leske und Budrich, Leverkusen 2003.

Herausgeber/Autoren

Achim Großer

1971 geboren; Diakon, Erlebnispädagoge; arbeitet seit 1996 in der Jugendarbeit zuerst im Kirchenbezirk Kirchheim u. Teck dann als Projektreferent des Projektes _puls im Evangelischen Jugendwerk in Württemberg. Zum Projekt _puls gehört TeenDance seit 2002. Schwerpunktmäßig verantwortet er die Bereiche TeenDance, Outdoor-Teams, Jugendgottesdienstgruppen und das Projekt Freizeit und Gruppenarbeit innerhalb _puls. Handlungsorientierte Gruppenarbeit und beteiligungsorientierte Verkündigung sind Schwerpunkt-Themen in diesen Bereichen. Weitere Erscheinungen: update – Mitarbeiterschulung, 2004; Sinn gesucht – Gott erfahren, Erlebnispädagogik im christlichen Kontext, 2005

Anita Hipp

1981 geboren, hat ihren Freiwilligendienst im Evangelischen Jugendwerk in Württemberg im Bereich TeenDance absolviert und ist im TeenDance-Arbeitskreis ehrenamtlich aktiv. Derzeit studiert sie an der Berufsakademie Stuttgart Sozialpädagogik und arbeitet im Evangelischen Bezirksjugendwerk Bernhausen im Bereich Kinder- und Jugendarbeit.
Gemeinsam mit ihrer Tanzgruppe TD 1 - Three Dancers for ONE - hat sie schon diverse Jugendevents und -gottesdienste mitgestaltet und zahlreiche Tanz-Workshops geleitet.

Jule Pfüller

1983 geboren, studiert zur Zeit Sozialpädagogik in Stuttgart an der Berufsakademie und arbeitet im Evangelischen Jugendwerk in Württemberg im Projekt TeenDance.
Ihre Tanzerfahrung sammelte sie in zahlreichen Workshops und Seminaren und im Unterricht einer Tanzschule.
Bühnenerfahrung vermittelten ihr Auftritte der Dance-Pop-Band „Danze Invaderz“, sowie diverse andere Projekte. Sie ist in den Bereichen Tanz als auch Gesang tätig.
Seit einigen Jahren unterrichtet sie selbst Hip-Hop und leitet Tanz-Workshops.